LOS MEJORES MENSAJES DE DANTE GEBEL 2

«ANALFABETISMO ESPIRITUAL» »EL VIENTRE DEL INFIERNO»
«PADRES SIN EL OJO DERECHO» «INCONSCIENCIA ESPIRITUAL»
Y OTROS SERMONES EXTRAORDINARIOS

La misión de Editorial Vida es ser la compañía líder en satisfacer las necesidades de las personas con recursos cuyo contenido glorifique al Señor Jesucristo y promueva principios bíblicos.

LOS MEJORES MENSAJES DE DANTE GEBEL 2
Edición en español publicada por
Editorial Vida – 2014
Miami, Florida

©2014 por Dante Gebel

Este título también está disponible en formato electrónico.

Editora en Jefe: *Graciela Lelli*
Edición: *Madeline Díaz*
Diseño interior: *Grupo Nivel Uno, Inc.*

A menos que se indique lo contrario, todos los textos bíblicos han sido tomados de La Santa Biblia, Nueva Versión Internacional® NVI® © 1999 por Bíblica, Inc.® Usados con permiso. Todos los derechos reservados mundialmente.

Citas bíblicas marcadas «RVR60» son de la Santa Biblia, Versión Reina-Valera 1960 © 1960 por Sociedades Bíblicas en América Latina, © renovado 1988 por Sociedades Bíblicas Unidas. Usadas con permiso. Reina-Valera 1960® es una marca registrada de la American Bible Society y puede ser usada solamente bajo licencia.

Citas bíblicas marcadas «NTV» son de la Santa Biblia, Nueva Traducción Viviente, © Tyndale House Foundation, 2010. Usadas con permiso de Tyndale House Publishers, Inc., 351 Executive Dr., Carol Stream, IL 60188, Estados Unidos de América. Todos los derechos reservados.

Esta publicación no podrá ser reproducida, grabada o transmitida de una manera completa o parcial, en ningún formato o a través de ninguna forma electrónica, fotocopia u otro medio, excepto como citas breves, sin el consentimiento previo del publicador.

ISBN: 978-0-8297-5872-6

CATEGORÍA: Vida Cristiana / Inspiración

IMPRESO EN ESTADOS UNIDOS DE AMÉRICA
PRINTED IN THE UNITED STATES OF AMERICA

14 15 16 ❖ 6 5 4 3 2 1

CONTENIDO

DEDICATORIA

Conoció al Señor junto al resto de la familia, allá por el año 1975, y al poco tiempo comenzó a servir a Dios con todo su corazón. Tiempo más tarde y por alguna absurda razón, abandonó la iglesia y su ministerio, y estuvo fuera del Camino por más de treinta años. «Sé que Dios me regalará algunos segundos para arrepentirme antes de morir», solía decirme en broma, ya que él nunca dejó de ser un gran conocedor de Dios y las Escrituras. La última vez que hablé con él telefónicamente fue a mediados del año 2013, le pregunté si asistiría a mi cruzada en Buenos Aires, a lo que me respondió: «Tal vez... No te prometo nada. Tengo mucho trabajo». Pocos meses después sufrió un infarto y la noticia de su muerte me conmovió hasta lo más profundo de mi ser. No estuve allí cuando partió, pero quiero pensar que pudo reconciliarse con el Señor, que pudo hacer esa oración que siempre me dijo que haría justo antes de irse a la eternidad.

Si lo hubieses conocido, lo habrías amado con todo el corazón. Era el tipo más conciliador, ocurrente y cómico que jamás haya conocido. Por alguna razón, lo admiraba desde que era un niño y nunca dejé de orar por su vida.

Esta segunda parte de los mensajes seleccionados va dedicada a él, mi querido y entrañable hermano, Daniel Marcelo Gebel, in Memoriam.

RECONOCIMIENTOS

A Liliana, Brian, Kevin, Jason y Megan: Gracias, Señor, por esta familia tan maravillosa que ha soportado a un padre tan singular. ¡Gracias por tamaña paciencia!

A nuestro querido equipo pastoral de FavordayChurch: Eduardo y Zulema Aleman, Cristóbal y Blanca García, Michael y Analía Presumido, Daniel y Vera Darling, Rodolfo y Jeanne Osorio, Hítalo y Xiomara Valladares, Misael y Mayra Coto. ¡Nunca me cansaré de agradecerles por estar a bordo de esta maravillosa nave insignia!

Otra palabra de enorme gratitud a la querida amiga Gisela Sawin por haberme ayudado con los manuscritos y la edición. No lo habría hecho sin tu ayuda.

Un destacado agradecimiento para Tony y Fernanda Gresati. Aunque nos conocemos hace relativamente poco, no tengo palabras para agradecer tanta generosidad y tanto amor desmedido e inmerecido. Sé que el Señor les dará una cosecha muy abundante y cada año será aun mejor. ¡Los amo y celebro vuestra genuina amistad!

Como siempre, a Editorial Vida-Zondervan. ¡Gracias por seguir confiando en mí después de tantos años!

CAPÍTULO 1

ASTUTOS COMO SERPIENTES

Prediqué este mensaje a mediados del año 2013 en el Anaheim Convention Center y aún recuerdo la reacción de la gente, en especial de la juventud. En nuestra iglesia hay decenas de jóvenes que estudian dirección de cine (mi propio hijo Brian sigue una carrera que lo llevará a Hollywood muy pronto) y todo tipo de arte, para los cuales este mensaje llegó con el objetivo de confirmarles el destino que habían elegido. Cuando este libro esté en imprenta, mi equipo de productores se hallará en las últimas tratativas a fin de cerrar un contrato para un programa televisivo llamado «Dante Night Show», el cual ha costado más de un año poner al aire en una cadena secular que llegará a todos Estados Unidos, además de una importante inversión económica. Soy consciente del precio que tendré que seguir pagando por animarme a entrar en Babilonia, pero también sé que no hay otra manera de cambiar una cultura si no es actuando como levadura que se esconde dentro de la masa, a decir de nuestro mismo Señor. Puede que resulte o puede que no, pero estoy dispuesto a correr el riesgo de intentarlo. Dedico este capítulo a esos miles de troyanos anónimos que se esconden dentro de una cultura que trata de devorar a las ovejas.

Hace algún tiempo Dios me habló acerca de la diferencia que existe entre los ríos y los estanques, en términos espirituales. Recién entonces pude entender que el estanque de Betesda representa el sitio en que ha estado la iglesia hasta hoy, mientras que el río de Ezequiel simboliza el lugar hacia a donde vamos como iglesia. El agua representa la gracia de Dios que fluye por debajo del umbral, según la profecía de Ezequiel, y se hace más profunda a medida que se aleja del santuario. «El hombre me trajo de vuelta a la entrada del templo, y vi que brotaba agua por debajo del umbral, en dirección al oriente, que es hacia donde da la fachada del templo. El agua corría por la parte baja del lado derecho del templo, al sur del altar» (Ezequiel 47.1).

Esto describe el mover de la presencia de Dios que se hace más poderosa a medida que el pueblo la lleva al mundo, los negocios, las escuelas, los hogares y las empresas de los que cada uno de nosotros forma parte. Es allí donde esa unción se hace más poderosa, más fuerte. No tiene que ver con un mover que está en un sitio en particular, sino que crece a medida que la iglesia de Cristo sale a las calles.

Ríos o estanques

El pastor congrega como el estanque, pero el apóstol envía como el río. El apóstol es enviado a establecer la cultura del cielo en la tierra, porque un líder puede plantar cien iglesias, pero si ellas no ocasionan una transformación cultural en su ciudad, no son apostólicas. Reunir a los creyentes un par de horas los domingos no es sinónimo de transformación cultural, resulta inefectivo para ser luz. Mientras más se alejen del santuario, más profundo será ese mover.

Al ver predicadores, ministros o músicos cuyos rostros ya no brillan y sus ojos no están encendidos en llamas de fuego, añoro la presencia de Dios en ellos. Cuando una iglesia tiene la presencia de Dios, se extiende durante toda la semana por los diferentes lugares donde estén sus miembros.

Las ovejas se seguirán congregando, pero no para ser felices y saludables solamente, sino para preparase a fin de ser enviadas a cambiar el mundo. A medida que la iglesia hace esta transición, los servicios ya no son reuniones sociales, sino sesiones de entrenamiento sobrenatural del Espíritu Santo.

Dios dijo que seríamos un río como el de Ezequiel, el cual a donde fuéramos se haría más intenso. Isaías dijo: «El Espíritu de Jehová el Señor está sobre mí, porque me ungió Jehová; me ha enviado a predicar buenas nuevas a los abatidos, a vendar a los quebrantados de corazón, a publicar libertad a los cautivos, y a los presos apertura de la cárcel; a proclamar el año de la buena voluntad de Jehová» (Isaías 61.1–2, RVR60).

Más adelante agrega: «Reedificarán las ruinas antiguas, y levantarán los asolamientos primeros, y restaurarán las ciudades arruinadas, los escombros de muchas generaciones» (Isaías 61.4, RVR60).

El profeta Isaías declara que las mismas personas que fueron transformadas serán comisionadas a reconstruir ciudades. Aquellos que recibieron sanidad, fueron libres de la cautividad y recibieron vendas en sus heridas son los que deben salir a restaurar las naciones. Este es un mensaje que necesita escuchar toda la iglesia de Cristo, ya que trae un viento que nos llevará a un avivamiento.

Ovejas y serpientes

Jesús dijo: «Los envío como ovejas en medio de lobos. Por tanto, sean astutos como serpientes y sencillos como palomas» (Mateo 10.16).

Al leer este texto entendemos que el Señor da dos requerimientos muy claros, por un lado, nos pide que seamos «sencillos como palomas». Esto es algo inherente a nosotros los cristianos. Sabemos que tenemos que ser sencillos y es lo que mejor se nos da.

El segundo requerimiento es ser «astutos como serpientes». Jesús no dijo «astutos» como un arcángel o como un rabino, sino como la serpiente. Cuando el Señor se refiere a las serpientes obviamente hace alusión al enemigo, tipificado en ella. Esa misma astucia que él tiene, también podemos tenerla nosotros, pero motivados para el bien. Si el Señor nos envía como ovejas en medio de lobos, debemos ser astutos.

Seguramente al igual que yo has notado que la estrategia de la comunidad homosexual, en especial de Estados Unidos, es introducir su mensaje a través de los medios de comunicación y mezclarlo dentro de ciertos valores familiares que el pueblo norteamericano respeta.

Según las estadísticas de Estados Unidos, solo el cuatro por ciento de los norteamericanos se confiesa homosexual, aunque muchas veces parece que fueran más. Sin embargo, la comunidad homosexual a través de las películas y las series de televisión de Hollywood, desde sus directores y sus productores, se las ha ingeniado estratégica y «astutamente» para introducir su estilo de vida de manera que parezca normal.

Nuestros niños consumen esas series y empiezan a ver la homosexualidad como una opción, porque la manera en que la muestran no produce rechazo, sino admiración.

Cuando el Señor nos dice que debemos ser mansos como la paloma nos olvidamos de la parte de la astucia. Tenemos que ser agentes secretos de Dios, pero nos falta esa astucia de la cual venimos hablando y hacemos programas cristianos en canales cristianos para no ofender los incrédulos. Y después le hacemos una invitación al inconverso, que generalmente no está mirando el canal cristiano, para que acepte a Cristo en su corazón si es que por casualidad alguno se detuvo ahí por unos instantes.

«Ofendiendo» a los inconversos

Cuando era muy joven formaba parte de un ministerio evangelístico. La mayor alegría del equipo consistía en regresar de alguna actividad y contar que habíamos sido rechazados mientras predicábamos.

En una oportunidad fuimos al centro comercial de la zona, y cuando los agentes de seguridad observaron que queríamos predicarle a la gente, nos sacaron por la fuerza del lugar y se llevaron detenidas a cuatro personas del equipo. Una vez que le contábamos esto a la congregación, todos vitoreaban: «Aleluya. ¡Gloria a Dios!».

Nuestra alegría por ser rechazados se basaba en el versículo que Jesús dijo: «Dichosos ustedes cuando los odien, cuando los discriminen, los insulten y los desprestigien por causa del Hijo del hombre» (Lucas 6.22). Tomábamos este pasaje y creíamos que era bueno que nos discriminaran, que nos insultaran... pero esto debía ser por causa de Cristo, no por estar bajo la influencia del espíritu de estupidez. Algunos teníamos el complejo de mártires, sentíamos que cuando compartíamos el evangelio y éramos rechazados, habíamos alcanzado la meta. El Señor nunca dijo: «Vayan y sean rechazados». Esa no es la meta, sino el proceso. Uno no tiene que bajar los brazos hasta no lograr la meta, que es que la gente acepte a Cristo en el corazón.

Hace muchos años, cuando mi familia y yo nos entregamos al Señor, mi papá ofreció el garaje de nuestra casa para hacer reuniones e invitar a todo el barrio. Don Federico Gebel, mi papá, resultaba muy conocido y respetado, ya que era el carpintero del lugar. Esto hacía que cuando invitaba a los vecinos, ellos aceptaran. Además, mi mamá había sido sanada de cáncer y muchos lo sabían. Todos venían al garaje de Don Gebel, un lugar que pronto se transformó en una iglesia de día y el lugar de estacionamiento del automóvil de mi papá de noche.

Los más jóvenes participábamos de la alabanza tocando música. Algunos preferían la guitarra, otros la pandereta, y a mí me gustaba la batería. Esta en particular tenía unos tambores gigantes que al golpearlos con la pedalera se movían y deslizaban hacia adelante. Para solucionar este inconveniente, mi papá tuvo la gran idea de colocar la batería sobre la pared de Don Monje, nuestro vecino. Cada noche de campaña acompañaba los coritos tocando con toda mi fuerza, y aunque el bombo no se movía, la pared del vecino sí retumbaba.

Después de dos semanas de reuniones, Don Monje se apareció con su pijama en medio del servicio. Estaba angustiado y desencajado. No se dirigió al pastor, porque no sabía quién era, pero buscó a su vecino y le dijo: «Don Gebel, por favor, yo trabajo y me levanto temprano. Por favor, dejen de tocar el bombo. ¡Aleje a ese muchacho de mi pared!».

Para nosotros esa fue la primera señal de que estábamos siendo rechazados a causa del evangelio, así que nos sentimos alegres. ¡El diablo estaba enojado! Nos dispusimos a poner en práctica un proceso de liberación con Don Monje a fin de expulsar los demonios que lo habían poseído. Los ancianos de la iglesia oraban y decían: «Fuera, fuera... ¡Hay una legión adentro!». Con el paso del tiempo entendimos que el vecino no estaba endemoniado, aunque creo que esa noche sí se endemonió. ¡Aquel hombre se quería ir! ¡Deseaba escapar! Finalmente lo logró... Si había llegado enojado, les aseguro que se fue peor. A ese hombre lo vacunamos contra el evangelio. Nunca más mi papá pudo volver a predicarle.

No somos nosotros los que debemos ofender a la gente, es el evangelio el que debe confrontarlo con el pecado. Nosotros no salimos a las calles a ofender, en todo caso el que ofende es el mensaje que llama a la persona a cambiar su estilo de vida.

El otro extremo

Actualmente es común observar el otro extremo de la situación: querer unirse a los inconversos. Muchas iglesias contemporáneas han dicho: «Para que los inconversos no se ofendan, vamos a tener una mirada más condescendiente con relación al pecado y poner a los pecadores como líderes». Hoy, en las iglesias, hay homosexuales cantando y dirigiendo las reuniones, adúlteros predicando y fornicarios tocando instrumentos. Todo porque no queremos ofenderlos o que se vayan.

Los pecadores invitaban a Jesús a sus fiestas, y él asistía, pero nunca adoptó el estilo de vida de ellos. Es verdad que no podemos predicar el evangelio si no procuramos tener buena fama y buenas relaciones con los de afuera, pero no podemos vivir como ellos lo hacen. Para eso resulta necesario ser ejemplo y tener buen testimonio. Si no eres buen empleado en la compañía donde Dios te puso, lo más probable es que nunca tengas una plataforma para poder predicarles a tus jefes. Si constantemente te llaman la atención porque llegas tarde, no cumples o no le rindes a la compañía, no tienes autoridad moral y mucho menos espiritual para predicarles de Cristo. Si no eres buen estudiante en la universidad o la escuela, probablemente te falte una plataforma espiritual o moral para predicar, porque se te van a reír en la cara cuando intentes hablarles de Cristo.

El síndrome del vendedor

Cuando era muchachito, los líderes de la iglesia no nos permitían pasar tiempo con los mundanos a menos que les fuéramos a predicar. No podíamos tener amigos que no fueran cristianos ni relacionarnos con ellos.

Un día el pastor nos dijo: «Al hermano fulanito se le vio en un bar». Conociendo al hermano fulanito, probablemente no estaría tomando alcohol, sino café, pero lo vieron sentado conversando con otro mundano que jugaba al pool ahí. En ese tiempo, la única excusa que podías dar era que entraste a un lugar así para orar por los que estaban allí y predicarles de Cristo. Eso te exoneraba.

Por años nos han enseñado que debemos relacionarnos con los inconversos únicamente a fin de convencerlos de que «estamos en lo correcto». La comunidad cristiana nos da permiso para relacionarnos con un inconverso siempre y cuando lo podamos «convertir».

Solemos cometer el error de salir a evangelizar como si quisiéramos vender algo. Una vez leí a un famoso autor que le llama a esto el *síndrome del vendedor de tiendas*. Él explica que por lo general, cuando entramos a un negocio, se nos acerca el vendedor y nos dice: «Lindo día, ¿buscaba algo? ¿Puedo ayudarlo?». Esa persona no se acerca porque eres su amigo o porque quiere entablar una nueva relación personal contigo. Lo hace porque quiere venderte algo, y tú lo sabes.

De la misma forma, el inconverso sabe que nos acercamos a él para «venderle a Jesús». Nada de lo que decimos suena sincero. Sabe que realmente no estás interesado en él o ella como persona, lo percibe.

Lo primero que la gente quiere es que te intereses en ella. Y después, de manera orgánica y natural, la misma gente te preguntará: «¿Por qué te ves tan feliz, no tienes problemas?». Recién entonces podrás hablar de Cristo sin intentar venderle nada.

El pensamiento que solemos tener es: «Podemos ir a los orfanatos, asilos y hospitales siempre y cuando en el lugar nos dejen predicar y las personas acepten a Cristo, si no, no tiene sentido ayudar a nadie». Cuando vas con un espíritu de agente de seguros, la persona lo percibe. Estamos en la tierra para salarla, para cambiar el paradigma, la cultura, no para vender una póliza.

Troyanos

Si el Señor te envía como oveja en medio de los lobos, ¿te estará mandando al matadero? Es como decir que nos envía como un ratón en medio de los gatos. Seguro que seremos su almuerzo. ¿Cuánto tiempo viviría una oveja en medio de los lobos? Nada. De alguna manera nos está condenando a morir de inmediato.

El secreto está en que los lobos no sospechen que eres una oveja. Debes estar disfrazado de lobo. Debes ser manso como la paloma para no llamar la atención, pero tan astuto que puedas sobrevivir disfrazado de lobo. De lo contrario, pierdes el propósito de predicar. Para ser «ovejas en medio de lobos», hay que disfrazarse de lobo y pagar el precio de lo que digan «las otras ovejas».

El Señor nos dice: «El reino de los cielos es como la levadura que una mujer tomó y mezcló en una gran cantidad de harina, hasta que fermentó toda la masa» (Mateo 13.33).

La mujer tomó la levadura y la escondió en una gran cantidad de harina hasta que leudó y fermentó toda la masa.

El secreto de la astucia de la serpiente es que Dios te pone, te esconde, en medio de la masa. Tú eres un agente secreto disfrazado de enfermero, mecánico, técnico en computación o camarero. Tú eres levadura disfrazada de gente común, encubierta, metida dentro de la sociedad de lobos, para leudar toda la masa y hacer el cambio desde adentro.

Algunos dicen: «Estoy cansado de trabajar en un ámbito secular ¿cuándo podré dedicarme a trabajar a tiempo completo para Dios?». Quizás no te habías dado cuenta, pero ya lo estabas haciendo, estabas trabajando para Dios. Eres un agente encubierto dentro de un hospital, disfrazado de gente común. Te pones el mismo delantal que ellos y cuando estás entre los lobos pareces uno más, pero eres una oveja astuta como la serpiente, para infiltrarte, leudar y cambiar toda la sociedad desde adentro. Porque si quieres cambiar la sociedad desde afuera, eres un típico vendedor de tienda.

El caballo de Troya fue una estrategia usada por los griegos para introducirse tras las murallas fortificadas de Troya. Les hicieron creer a los troyanos que en honor a su victoria les regalaban un gigantesco caballo de madera. Los soldados abrieron las puertas y dejaron ingresar el regalo. Durante la noche, el vientre del caballo se abrió y salieron de adentro todos los soldados enemigos que estaban escondidos. Una vez allí, abrieron las puertas para que el resto de los soldados pudieran entrar. Esto provocó la caída definitiva de Troya. Esos guerreros griegos se metieron dentro de los muros y gestaron el cambio.

No reniegues por estar limpiando la casa de alguien. No maldigas al lavar el auto de otro. Quizás seas como la sirvienta que se hallaba en casa de Naamán y representes el agente de cambio para que ocurra un milagro. Dios te ha puesto como agente secreto. Ese es el lugar que tienes para leudar toda la masa.

Una revolución silenciosa

Babilonia es un ejemplo de cómo Dios cambia una sociedad a través de sus agentes secretos. El rey Nabucodonosor destruyó Israel y tomó prisioneros a unos muchachos: Daniel, Sadrac, Mesac y Abednego. Nabucodonosor creyó que estaba tomando cautivos, pero nunca supo que en realidad Dios estaba tomando cautiva a Babilonia. Él quería que cuatro agentes secretos se introdujeran en el riñón de la ciudad, porque sabía que a partir de ese momento, Babilonia nunca más sería la misma.

El evangelio es como una radiación divina, una infección espiritual. Cuando realmente lo vives en el lugar donde te encuentras, eres un agente de cambio. El plan estratégico de Dios comenzó cuando Daniel decidió no contaminarse con la comida del rey e insistió en orar tres veces al día arrodillado en dirección a Jerusalén. Sadrac, Mesac y Abednego se unieron a la estrategia cuando se negaron a inclinarse ante el dios que había levantado Nabucodonosor. Así se inició una contracultura. Se trataba de una revolución silenciosa.

En el caso de Daniel, él no estaba diciendo a gritos: «¡Mi Dios es el verdadero!». Solamente oraba con la ventana abierta en medio de Babilonia. Cuando Dios vio que contaba con personas que no se contaminaban con el sistema, las unió a la cultura, como la levadura a la masa.

Daniel fue arrojado al foso de los leones, pero no se lo comieron. Sadrac, Mesac y Abednego fueron lanzados al horno de fuego y caminaron entre las llamas con un ser celestial. Allí empezó a gestarse el cambio.

No sé si ahora mismo te encuentras en un foso con leones o un horno de fuego, pero el Espíritu Santo me dice que necesitas oír esta palabra: «Dios te ha puesto ahí. No maldigas ese lugar. No le pidas que te saque de allí. Si estás en el fuego, paséate, que Dios caminará a tu lado y serás un testimonio. Si estás rodeado de leones, Dios les cerrará la boca y serás un testimonio».

En Babilonia, Daniel sirvió a varios reyes. Por setenta años estos muchachos trabajaron para desmantelar los poderes de las tinieblas. Durante todos estos años leudaron la masa. Hasta los nombres les cambiaron. A Daniel le llamaron Beltsasar; a Ananías, Sadrac; a Misael, Mesac; y a Azarías, Abednego. Vestían como babilonios, hablaban y lucían como ellos, pero su corazón no se había contaminado, estaban entregados a Dios.

Finalmente, el rey Ciro, uno de los últimos reyes al que sirvió Daniel, un día decidió liberar a Israel y financiar el multimillonario proyecto de reconstruir el templo. Y no solo eso, sino que escribió un rollo que trata acerca de los derechos humanos, material que hasta hoy utilizan las Naciones Unidas. La Biblia dice que el rey Ciro consultaba todo el tiempo con el joven cautivo llamado Daniel.

El profeta Isaías profetizó sobre el rey Ciro aun antes de que naciera: «Así dice el Señor a Ciro, su ungido, a quien tomó de la mano derecha para someter a su dominio las naciones y despojar de su armadura a los reyes, para abrir a su paso las puertas y dejar abiertas las entradas: "Marcharé al frente de ti, y allanaré las montañas; haré pedazos las puertas de bronce y cortaré los cerrojos de hierro. Te daré los tesoros de las tinieblas, y las riquezas guardadas en lugares secretos, para que sepas que yo soy el Señor, el Dios de Israel, que te llama por tu nombre"» (Isaías 45.1–3). Todo lo que el rey Ciro hizo ya había sido decretado, y Daniel y los otros muchachos fueron los agentes revolucionarios que introdujeron el cambio hasta llegar a la liberación de Israel.

Hoy, nosotros como iglesia le estamos debiendo al mundo un encuentro real con Dios. Y para lograrlo necesitamos un plan estratégico.

Tiempo de implosión, no de explosión

Dios me dijo que una enorme cosecha está por levantarse y vendrá a través de la gente que menos imaginamos. Ellos no sabrán nada de religión, teología o fundamentos de la historia de la iglesia, pero atraerán un gran avivamiento de salvación. Pronto tendremos que enfrentar la misma decisión que nuestros antepasados en el Concilio de Jerusalén: «¿Detendremos el mover del Espíritu para salvar la reputación de la iglesia o aceptaremos el riesgo de ser incomprendidos por la comunidad religiosa?».

Debemos recordar que al Señor se le acusó de «borracho» y de «amigo de pecadores». La religión siempre busca la forma de alejarnos de las personas que más necesitan a Dios.

Si él puso una carga en tu corazón para trabajar en productoras de televisión o frente a la pantalla, hazlo. No le pidas al Señor que se te abran las puertas de un canal cristiano, sino anímate a ser parte de las grandes ligas, así como Daniel en Babilonia. Aunque te tomen cautivo, introdúcete en el riñón del lugar para que no sea una explosión, sino una implosión. Que puedas cambiar el lugar desde adentro, que los códigos del cine, de la televisión puedan cambiar.

Pídele al Señor que te lleve al mundo de los negocios, de la bolsa de comercio. Que puedas ingresar al mundo corrupto de Las Vegas y generar un cambio desde adentro. Si Daniel, Sadrac, Mesac y Abednego pudieron cambiar toda una nación, así como afectar a reyes como Nabucodonosor, Belsasar y Ciro, tú también puedes hacerlo.

Estos jóvenes eran conocidos como hechiceros. No los reconocían como siervos de Dios, predicadores, evangelistas encubiertos o misioneros. Cuando el rey convocaba a los magos, astrólogos y hechiceros, entre ellos estaban Daniel, Sadrac, Mesac y Abednego. Sin embargo, Daniel no fue llamado a darles explicaciones a los israelitas, sino a cambiar la sociedad desde adentro. No podemos agradarle a todo el mundo. Esto resulta imposible y muy agotador. Hagas lo que hagas, siempre hablarán mal de ti. Tú solamente haz tu trabajo de troyano y genera la implosión.

¡Ah, y no olvides llevar tu astucia, la vas a necesitar!

CAPÍTULO 2

INCONSCIENCIA ESPIRITUAL

Antes de predicar este mensaje, hacía unos días que me había despertado con un versículo en mi cabeza. El Señor me lo mostró durante toda esa semana. Tantas veces vino a mi mente que decidí buscarlo, ya que no recordaba dónde se encontraba. Imaginé que el Espíritu Santo quería darme una pista de lo que deseaba que compartiera con la congregación el siguiente domingo. Luego vino otro texto a mi memoria, pero era tan opuesto al anterior que supuse que mi mente estaba fallando o en realidad Dios quería que hallara una conexión entre ambos versículos. Finalmente, descubrí lo que el Espíritu Santo me estaba mostrando: ambos textos estaban íntimamente conectados, y fue allí que nació este mensaje. Lo prediqué en el inmenso Hangar OcFair, en Costa Mesa, California, lugar que acogió a toda la congregación como visitantes más de una vez hasta que encontráramos un lugar fijo. Lo cierto es que aquel mensaje fue definitivamente inolvidable para todos los presentes, y cuando lo vuelvo a leer aún puedo sentir la misma presencia de Dios que en el instante en que lo estaba recibiendo. Espero que cuando tú lo hagas sientas el mismo reverente temor de Dios que estoy sintiendo en este mismo momento.

El primer texto que el Espíritu Santo me trajo a la memoria fue: «Cuando Moisés descendió del monte Sinaí, traía en sus manos las dos tablas de la ley» (Éxodo 34.29). Moisés no sabía que su rostro resplandecía luego de haber estado cuarenta días con el Señor.

El segundo de los textos, absolutamente opuesto, fue: «Luego ella gritó: "¡Sansón, los filisteos se lanzan sobre ti!" Sansón despertó de su sueño y pensó: "Me escaparé como las otras veces, y me los quitaré de encima". Pero no sabía que el Señor lo había abandonado» (Jueces 16.20). Sansón no sabía que Jehová se había apartado de él.

En estas historias bíblicas observamos a dos hombres que no sabían lo que en verdad les estaba ocurriendo. Moisés se hallaba inconsciente de su nueva adquisición espiritual. No sabía que su rostro brillaba. Por otro lado, Sansón estaba inconsciente de su pérdida espiritual. No sabía que la presencia de Dios lo había abandonado.

La vida está llena de actos inconscientes, acciones que hacemos por la fuerza del hábito. Conducimos un automóvil de memoria, casi de manera automática, sin pensar cada movimiento: «Ahora tengo que apretar el acelerador. Después el freno». Cada acción la hacemos de manera subconsciente. Solemos usar el tiempo mientras conducimos para orar, cantar, sin estar pendientes de qué tenemos que hacer. Dios nos hizo de esta manera para que no agotáramos nuestros recursos ni nuestra energía. Comemos y caminamos de manera subconsciente. Eso ayuda a nuestro cerebro a enfocarse en las cosas que sí demandan nuestra atención. No puedes hacer un presupuesto familiar, financieramente hablando, de manera impensada. No puedes elegir a la persona con la que compartirás el resto de tu vida de forma inconsciente. Hay cosas en las que necesitas poner tu energía y enfoque. Otras, simplemente las haces de un modo automático. Las sumas a tus tareas cotidianas y no tienes que pensar para hacerlas. Ninguna dama piensa demasiado cuando va a cocinar la misma receta que ha usado durante muchos años, simplemente la prepara de memoria.

El problema es cuando esa inconsciencia invade el campo espiritual y empieza a inmiscuirse en las cosas de Dios. Hombres como Sansón y Moisés no se daban cuenta de lo que les sucedía. Ambos líderes estaban inconscientes, uno de la unción que había sobre él y el otro de la pérdida de esa misma unción. Ambos corrían serios peligros.

Moisés no había advertido que su rostro estaba cubierto por un brillo especial. Sansón no se había dado cuenta de que la presencia se había apartado de él, hasta que ya no tuvo fuerzas. Es muy probable que no te percates de ello cuando estés ungido, y como consecuencia no valores la unción. También es probable que un día no te des cuenta de que Dios se apartó de ti. Siempre he pensado que cuando esto ocurre, de alguna manera tienes que advertirlo, deberías sentir que algo te falta, que te desgarran. Si algún día la presencia de Dios me dejara, me quedaría vacío.

Callos espirituales

Moisés no se dio cuenta de que la presencia de Dios reflejaba un brillo especial en su rostro. Y se puede tomar esto como modestia, como humildad. Sin embargo, me preocupa pensar que en determinadas oportunidades hay un cierto nivel de callosidad emocional o espiritual que afecta las percepciones y se producen «callos espirituales». Un callo es el endurecimiento de la piel en alguna parte del cuerpo, generalmente manos y pies, causado por el rozamiento continuo con algún cuerpo duro. De manera habitual, cuando nos golpeamos sobre un mismo sitio en varias oportunidades, se forma una costra de piel dura, y entonces pierdes la sensibilidad en esa parte hasta que el callo es quitado.

Mi padre, que era carpintero desde los trece años, no tenía sensibilidad en la mayoría de los dedos de su mano. Solía hacer experimentos poniendo sus dedos sobre la llama de fuego y no se quemaba, no sentía el dolor.

Los callos espirituales surgen cuando te expones el suficiente tiempo a lo profano, a lo santo, a lo espiritual, a lo sucio, y tarde o temprano te acostumbras. Al ver a los recolectores de basura te dices: «¿Cómo soportan ese olor? ¿Cómo pueden convivir con tanta basura? Apenas me asomo a mi propio cesto y el olor que surge es repulsivo». No obstante, si hablas con ellos, te dirán que te acostumbras a los olores. Se genera una callosidad en el olfato, de modo que ya no lo sienten. Lo mismo ocurre con las personas que trabajan con los muertos, preparándolos para colocarlos en la caja y hasta embalsamándolos en algunos países. También están aquellos científicos que realizan autopsias. Ellos trabajan con la sangre, los órganos, reconstruyen cuerpos y llevan a cabo tareas similares. Seguramente tú y yo sentimos náuseas de solo pensarlo. Sin embargo, ellos ya se acostumbraron. Tanto los enfermeros como los médicos conviven con la muerte a diario. Ellos deben salir de las salas de emergencia y los quirófanos para decirles a los familiares: «Lo siento, lo perdimos, no pudimos hacer nada». Si hablaras con un militar que ha estado en el frente de batalla, te dirá lo mismo. Durante la guerra te acostumbras a ver el dolor, la tragedia, la muerte. Tarde o temprano te acostumbras al estiércol, la basura, los malos olores. No obstante, lo que más preocupa es que también te puedes acostumbrar a lo santo, a lo milagroso de Dios.

Seguramente, al igual que yo, has vivido diferentes momentos en los que el pastor o evangelista hace el llamado al altar a los perdidos, gente que quizás estaba sumida en las drogas, el alcohol, la prostitución, y corre llorando al altar en arrepentimiento. Se supone que el resto de la congregación que permanece en los bancos debería estar orando y celebrando que las almas sean salvas, sin embargo, muchas veces ocurre lo contrario. He visto cómo muchos toman ese tiempo tan importante como si fuesen los créditos del cine al finalizar la película. Al momento del llamado, toman sus pertenencias y se van, no esperan al final de la reunión. ¿Qué hace que alguien se escape cuando otros pasan al altar llorando arrepentidos? Se trata de personas que estaban por irse al infierno y han redireccionado su vida, pero nadie lo celebra. Esto es el resultado de la callosidad. Lo que ayer nos sorprendía, hoy nos parece tedioso. Lleven esta ilustración a cualquier ámbito eclesiástico espiritual, a las manifestaciones del Espíritu, a la sanidad. Uno se sorprende la primera vez que ve a un paralítico abandonar la silla de ruedas, pero si eso ocurre cada fin de semana, la gente bostezará y dirá: «Otro paralítico más».

Esto mismo ocurría en Israel. Imagina ver caer pan del cielo, el maná, una sustancia que te alimenta, tiene nutrientes y te mantendrá vivo durante cuarenta años. ¿Cómo percibirías tú las cosas de Dios si de pronto el enemigo viene detrás de ti, estás frente al mar, y el mar se abre para que lo cruces por tierra seca? Probablemente pienses: *si llegara a tener una experiencia de esas, no abandonaría a Dios jamás.* Sin embargo, los israelitas no eran extraterrestres y abandonaron a Dios una y otra vez, puesto que se acostumbraron a los milagros. Llegaron a decir: «Estamos hartos del maná. ¡Cámbianos el menú!».

¿Cómo puede ser que alguien que conozca la presencia de Dios, de pronto lo pierda todo, hasta la compasión por las almas? Me preocupa mucho cuando veo que ya no valoran la presencia de Dios, sino la dan por sentado. Asumen que durante el servicio habrá una buena palabra, la adoración será maravillosa, sentirán lo que siempre sienten, y luego se irán a su casa como un domingo más.

Acostumbrarse a la unción es tan peligroso como no darse cuenta de que la perdimos. Acostumbrarse a la presencia de Dios es tan peligroso como una línea trazada muy delgada que va desde ser un niño sorprendido a un adulto profesional que sabe qué botones tocar para que las cosas sucedan. Cuando pierdes la ingenuidad de un niño, la unción deja de ser pura. Cuando dejas de sorprenderte ante la presencia de Dios, pierdes la pureza. Al igual que yo, renueva tu compromiso de que jamás permitirás que lo sagrado se vuelva común, que lo santo se vuelva materia corriente.

El sumo sacerdote tenía que entrar con temor y temblor al lugar santísimo, porque allí se encontraba la presencia de Dios. Toda la experiencia adquirida por las tantas veces de haber ingresado a ese lugar no lo habilitaba para hacerlo sin la conciencia exacta de lo que estaba realizando. No te transformes en un profesional de la fe y dejes de valorar lo importante, aunque sea cotidiano.

La Palabra dice: «El Espíritu dice claramente que, en los últimos tiempos, algunos abandonarán la fe para seguir a inspiraciones engañosas y doctrinas diabólicas. Tales enseñanzas provienen de embusteros hipócritas, que tienen la conciencia encallecida» (1 Timoteo 4.1–2).

La constante exposición ya sea a lo sagrado o lo profano, así como el contacto con ambas cosas, produce callosidades en el corazón humano. No permitas que esto ocurra en tu vida.

¿Y si perdiste la unción y aún no te diste cuenta?

Es aún más preocupante lo que le ocurre a Sansón. Él estaba con una prostituta y se dijo: «No hay problemas. Voy a salir de esto como tantas otras veces». En realidad, la Biblia afirma que cuando Dalila le gritó: «¡Sansón, los filisteos se lanzan sobre ti!», la respuesta de Sansón fue audaz: «Me escaparé como las otras veces, y me los quitaré de encima». Él tenía la seguridad de que había comprado la unción y nunca se apartaría de él. Creyó que nuevamente saldría victorioso de esa lucha. Sin embargo, no estaba en sus cálculos que la presencia de Dios se hubiera apartado de él.

La situación de Sansón fue diferente a la de Moisés. Sansón pecó y se arrepintió. Pecó y se volvió a arrepentir. Pecó y se arrepintió de nuevo. Y un día pecó una vez más, pero la gloria de Dios lo había abandonado.

Pablo les escribió a los creyentes en Roma y dijo: «Ustedes no viven según la naturaleza pecaminosa sino según el Espíritu, si es que el Espíritu de Dios vive en ustedes. Y si alguno no tiene el Espíritu de Cristo, no es de Cristo» (Romanos 8.9).

¿Qué valoras más en la vida: los ahorros, la cuenta de retiro, los hijos, la casa o el auto? Si tuvieras que ceder algo de eso, ¿qué negociarías? ¿Entre las cosas que más valoras se encuentra tu relación con Dios? Donde está tu tesoro, allí está tu corazón. ¿Valoras la presencia de Dios? ¿Serías capaz de decirme: «Pastor, podría perder mi casa, mi auto, hasta a mi familia con dolor, pero no podría soportar vivir sin la presencia de Dios»?

David reconoció que la presencia de Dios era indispensable para él cuando dijo: «No me alejes de tu presencia ni me quites tu santo Espíritu» (Salmos 51.11).

David tenía dos razones para elevar ese clamor. En primer lugar, la incomodidad y la falta de paz que produce la ausencia del Espíritu en la vida del individuo. Cuando David pecó, no pidió luego de su arrepentimiento que Dios no lo desechara como rey. Tampoco dijo: «¡Señor, déjame continuar siendo pastor!». David no pidió por el reino. Él dijo: «Señor, no quites de mí tu unción». En segundo lugar, David conocía la historia de un hombre que fue abandonado por el Espíritu Santo.

> El Espíritu del Señor se apartó de Saúl, y en su lugar el Señor le envió un espíritu maligno para que lo atormentara. Sus servidores le dijeron:
>
> —Como usted se dará cuenta, un espíritu maligno de parte de Dios lo está atormentando. Así que ordene Su Majestad a estos siervos suyos que busquen a alguien que sepa tocar el arpa. Así, cuando lo ataque el espíritu maligno de parte de Dios, el músico tocará, y Su Majestad se sentirá mejor.
>
> —Bien —les respondió Saúl—, consíganme un buen músico y tráiganlo.
>
> Uno de los cortesanos sugirió:
>
> —Conozco a un muchacho que sabe tocar el arpa. Es valiente, hábil guerrero, sabe expresarse y es de buena presencia. Además, el Señor está con él. Su padre es Isaí, el de Belén.
>
> Entonces Saúl envió unos mensajeros a Isaí para decirle: «Mándame a tu hijo David, el que cuida del rebaño». Isaí tomó un asno, alimento, un odre de vino y un cabrito, y se los envió a Saúl por medio de su hijo David. Cuando David llegó, quedó al servicio de Saúl, quien lo llegó a apreciar mucho y lo hizo su escudero. Luego Saúl le mandó este mensaje a Isaí: «Permite

> que David se quede a mi servicio, pues me ha causado muy buena impresión». Cada vez que el espíritu de parte de Dios atormentaba a Saúl, David tomaba su arpa y tocaba. La música calmaba a Saúl y lo hacía sentirse mejor, y el espíritu maligno se apartaba de él. (1 Samuel 16.14–23)

David no podía olvidar lo que le había sucedido a Saúl. Sabía cómo se sentía una persona que disfrutaba de la presencia de Dios, pero ya no la tenía consigo. David estaba convencido de que no podemos obligar al Espíritu Santo a quedarse si no se siente amado y protegido. Si no halla un lugar donde se sienta así, se irá.

Respaldo o aprobación de Dios

¿Cómo sabes si Dios se apartó de ti? ¿Cómo sabes si lo que tienes es solo el respaldo de Dios y no su aprobación? El respaldo de Dios siempre va a estar. La Palabra es predicada por disensión, por competencia, aun por envidia.

Un pastor está en pecado, se pone en pie frente a una multitud y los milagros ocurren. Internamente nos decimos: «Ese hombre no debe estar mal, porque tiene frutos». Sin embargo, esos no son frutos del Espíritu, sino se trata del respaldo de Dios a su Palabra y a la fe de aquellos que le buscan. Los frutos son paz, benignidad, fe, templanza, amor, mansedumbre. Si no conocemos la intimidad de ese hombre, nunca sabremos si tiene el respaldo de Dios o su aprobación.

¿Qué tal si yo soy un gran simulador, un artista, y ustedes no lo saben? Mi esposa lo sabría. Mis hijos dirían: «Este es un hipócrita, yo conozco cómo se comporta en casa. Aquí simplemente actúa». Los que están cerca ven los frutos. La reputación es lo que la gente piensa de mí. El carácter es lo que los que están cerca de mí saben.

Algunos dirán: «Dios me usó. Tengo su respaldo. Oré por tal persona y fue sanada. No debo estar tan mal. Aunque consuma pornografía, Dios me usa». Debes saber que el respaldo de Dios estará sobre cualquiera que invoque el nombre del Señor. Sin embargo,

Dios no te levantó para respaldarte, sino para que seas un obrero aprobado, para que él te apruebe.

Muchos de los que sean respaldados estarán ante Dios y dirán: «¡Yo prediqué en tu nombre!». Y Dios les responderá: «No te conozco». E insistirán: «¡Señor, eché fuera demonios!». No obstante, Dios volverá a decir: «No te conozco. Apartaos de mí». Luego pasarán los aceptados, aquellos a los que el Señor les puso: «Aprobado». El respaldo siempre estará, pero eso no significa aprobación.

Si alguno de mis hijos comete pecado, yo lo respaldaré, no lo echaré a la calle, pero no lo voy a aprobar. Eso hacemos con los líderes dentro de la congregación, con la gente que dice: «Pastor, he pecado». Ante su confesión y arrepentimiento, la respaldamos, la ayudamos, la restauramos, pero no la aprobamos ni la celebramos.

Tienes que buscar la aprobación de Dios, no su respaldo. David quería ser aprobado. A él no le importaba ser rey, porque sabía lo que significaba ser un rey que perdió la unción.

El Espíritu de Dios se había apartado de Saúl y un espíritu malo lo atormentaba tanto, que cuando venía sobre él le pedía a David que tomara el arpa y tocara una canción. De esa forma se sentía mejor.

Principios para tener en cuenta

Entonces, ¿cómo saber si la unción se alejó de ti?

Hay una ley espiritual que dice que un espacio nunca puede estar vacío. No hay posiciones neutras. El Señor dijo: «Conozco tus obras; sé que no eres ni frío ni caliente. ¡Ojalá fueras lo uno o lo otro!» (Apocalipsis 3.15). Es negro o blanco, no hay grises. Estás lleno de Dios o estás lleno del demonio. Este es un principio espiritual. La Biblia dice que los demonios andan buscando lugares vacíos para llenar. David sabía que quedarse vacío de Dios era una invitación abierta al demonio. Por eso su gran preocupación era que Dios no quitara de él su Espíritu Santo.

Por otra parte, cuando Saúl ya estaba sin unción, le surgieron celos. Se enojó en gran manera cuando oyó lo que decían y exclamó:

«A David le dan crédito por diez ejércitos, pero a mí por uno solo. ¡Lo único que falta es que le den el reino!» (1 Samuel 18.8). La popularidad de uno de sus ayudantes hizo que desde aquel día Saúl no mirara nunca más con buenos ojos a David. Aquella celebración le cambió la vida a Saúl. Ya no veía en David un aliado, sino un contrincante. No lo veía como un servidor, sino como un usurpador. No veía en él la bendición, sino la maldición; la seguridad, sino el peligro. Una buena señal para saber si tienes la presencia de Dios en tu vida es que te alegres cuando Dios bendice a otro, aunque la bendición sea mayor que la que tú tienes.

Es como un papá que desea que a su hijo le vaya mejor que a él. Ese es un papá sano. Si no es así, hay un gran problema emocional que resolver. Si sientes celos de tu hijo, tienes un serio problema como papá. Hay algo enfermo en tu corazón.

Saúl debiera haberse puesto feliz de que uno de sus generales, su propio yerno, uno de sus gladiadores, tuviera el favor de la gente, ya que era parte de su equipo. Sin embargo, no lo podía entender, y la Palabra dice que «empezó a mirar a David con recelo». Había perdido la visión espiritual, y cuando esto ocurre no se ve lo que Dios está haciendo a través de otros. Sin visión no hay enfoque espiritual.

A lo ungidos hay que mirarlos siempre espiritualmente, porque cuando los miras en la carne, habrá cosas que te van a molestar, porque los ungidos son hombres. El líder ungido siempre va a provocar la carnalidad en otros. Los carnales no comprenden cómo Dios puede usar a una persona muy distinta a ellos.

Los celos siempre demuestran carnalidad. Saúl se enfermó de celos por David, porque él sabía que la unción estaba sobre otro. «Al día siguiente, el espíritu maligno de parte de Dios se apoderó de Saúl, quien cayó en trance en su propio palacio. Andaba con una lanza en la mano y, mientras David tocaba el arpa, como era su costumbre, Saúl se la arrojó, pensando: "¡A éste lo clavo en la pared!". Dos veces lo intentó, pero David logró esquivar la lanza» (1 Samuel 18.10–11).

David sabía que un espíritu malo había tomado a Saúl y que este tenía una lanza en su mano. Así que dos veces David debió esquivarla, porque venía directo hacia él. Los que pierden la unción, la autoridad espiritual, pretender jugar a que todavía la tienen, pero saben que la han perdido. Tienen la posición, pero ya no disfrutan de la unción. Cuando has perdido algo que en otros es genuino, quieres que ese ungido esté lejos de ti. Si amas la presencia de Dios, quieres estar con las personas que la tienen.

Hace muchos años, un hombre que formaba parte de mi equipo de un día para otro evitó mirarme a los ojos. Al principio no lo había notado, pero luego me di cuenta de que siempre estaba mirando para otro lado, nunca de frente. Luego empezó literalmente a evitarme. Ya no hablaba conmigo, solo me mandaba mensajes por intermedio de los demás. En mi interior me preguntaba si lo habría ofendido, si quizás había hecho algo malo sin darme cuenta. No obstante, luego descubrí que había un pecado atroz en su vida, por lo cual no quería estar conmigo. El que pierde la presencia no quiere estar con los que tienen la unción. La presencia de Dios pone incómodo a los carnales. Sin embargo, al igual que David, debes esquivar las lanzas del que cela lo que hay en ti.

Otra señal de que la gloria de Dios te está dejando es la irritabilidad. Y el mayor precio lo paga la familia.

> Al oír esto, Saúl se enfureció con Jonatán.
>
> —¡Hijo de mala madre! —exclamó—. ¿Crees que no sé que eres muy amigo del hijo de Isaí, para vergüenza tuya y de tu desgraciada madre? Mientras el hijo de Isaí viva en esta tierra, ¡ni tú ni tu reino estarán seguros! Así que manda a buscarlo, y tráemelo, pues está condenado a morir.
>
> —¿Y por qué ha de morir? —le reclamó Jonatán—. ¿Qué mal ha hecho?
>
> Por toda respuesta, Saúl le arrojó su lanza para herirlo. Así Jonatán se convenció de que su padre estaba decidido a matar a David. (1 Samuel 20.30–33)

Saúl estaba encendido en ira contra Jonathan, su hijo. Lo insultó, lo maldijo y hasta le arrojó una lanza para herirlo. ¿Cuál es el límite de un ungido que ya no es tal? Atacar a su propia familia. Mostrarse irritable con la esposa, el esposo, los hijos. Estos son los síntomas que señalan que la presencia de Dios te ha dejado.

¿Qué podemos hacer para recuperar la unción?

Cuando al siervo de Eliseo se le cayó el hacha, lo primero que dijo fue: «Se me cayó el hacha al río». Él no siguió tratando de demoler el árbol con el mango. Es necesario reconsiderar, ajustar y dejar de pretender que todo está bien.

«Deténganse en los caminos y miren; pregunten por los senderos antiguos. Pregunten por el buen camino, y no se aparten de él. Así hallarán el descanso anhelado. Pero ellos dijeron: "No lo seguiremos"». (Jeremías 6.16)

El Señor también dice: «Y les daré un corazón, y un camino, para que me teman perpetuamente, para que tengan bien ellos, y sus hijos después de ellos. Y haré con ellos pacto eterno, que no me volveré atrás de hacerles bien, y pondré mi temor en el corazón de ellos, para que no se aparten de mí» (Jeremías 32.39–40, RVR60).

Dios nos dará un corazón y un camino, no dos ni tres. Hará un pacto eterno con nosotros, no se volverá atrás y pondrá su temor en nuestro corazón para que nunca nos apartemos de él. Hay un solo camino para recuperar la presencia de Dios.

Una mañana de un día como hoy, antes de que la lámpara de Dios se apague en tu vida, habrá una llamada de atención. Hay alarmas sonando en la vida del que peca, el que roba, el que codicia. El Espíritu Santo no es un traidor, de alguna forma te avisará.

Las Escrituras declaran: «Samuel dormía en el santuario del SEÑOR, donde se encontraba el arca de Dios. La lámpara de Dios todavía estaba encendida» (1 Samuel 3.3). La lámpara tipificaba la viva presencia de Dios en el templo. Era lo único que tenía que hacer Israel para que la gloria no se fuera.

Pablo le dijo a Timoteo: «Te recomiendo que avives la llama del don de Dios que recibiste cuando te impuse las manos» (2 Timoteo 1.6).

Dios le dijo a los profetas: «Ordénales a los israelitas que te traigan aceite puro de oliva, para que las lámparas estén siempre encendidas. Aarón y sus hijos deberán mantenerlas encendidas toda la noche en presencia del Señor, en la Tienda de reunión, fuera de la cortina que está ante el arca del pacto. Esta ley deberá cumplirse entre los israelitas siempre, por todas las generaciones» (Éxodo 27.20–21).

La fórmula para que la presencia de Dios no te deje no es la píldora dominguera: «Vengan al servicio, lean la Biblia, hagan un par de oraciones y llámenme en la mañana».

No funciona así. La presencia de Dios permanece donde las lámparas arden continuamente.

Cuidar la unción abarca las decisiones de cada día. Debes ponerla a buen recaudo con las pequeñas elecciones diarias. Necesitas tomar una decisión a la vez aunque sea pequeña, eso también es crecer. Aun si se trata de líneas erráticas. Haz decisiones diarias que te acerquen a la presencia. Por ejemplo, decide reunirte una vez a la semana con toda la familia para juntos tener un tiempo de devoción. Otra decisión puede ser quitar el control remoto del centro de actividades familiares y poner una Biblia para que antes de encender el televisor, la lean y sea el último pensamiento antes de ir a dormir. También puedes decidir poner la Biblia al lado de la cafetera para que con la primera persona que hables en la mañana, antes del café, sea con Dios. Son pequeñas decisiones cotidianas. Valora al Espíritu Santo cada día y sabrás que la presencia de Dios no te dejará. Evita que te ocurra lo que a Sansón cuando un día descubrió que ya no tenía más fuerza.

Hay un nombre que es el más triste de toda la Biblia: «Icabod». La palabra así lo revela: «Su nuera, la esposa de Finés, estaba embarazada y próxima a dar a luz. Cuando supo que el arca de Dios había sido capturada, y que tanto su suegro como su esposo habían muerto, le vinieron los dolores de parto y tuvo un alumbramiento muy difícil. Al verla agonizante, las parteras que la atendían le dijeron:

"Anímate, que has dado a luz un niño". Ella no respondió; ni siquiera les hizo caso. Pero por causa de la captura del arca de Dios, y por la muerte de su suegro y de su esposo, le puso al niño el nombre de Icabod, para indicar que la gloria de Israel había sido desterrada. Exclamó: "¡Se han llevado la gloria de Israel! ¡El arca de Dios ha sido capturada!"» (1 Samuel 4.19–22).

Cuando el arca fue robada, la nuera del sacerdote Elí dio a luz a su hijo y le puso por nombre Icabod, que significa «la presencia de Dios ha sido capturada».

Amigo, yo mismo he crecido en muchas iglesias sin arca, sin presencia de Dios. He asistido a miles de congregaciones que carecen de la unción divina. He escuchado miles de coros sin vida y sin poder, y he cantado himnos aburridos. Oí cientos de mensajes huecos y manipuladores, donde ni siquiera el predicador creía en lo que les exigía a los demás que creyeran. No tiene sentido continuar con prácticas espirituales estériles. Si Dios te permite estar al timón de una iglesia, nunca dejes que lo sagrado se vuelva común. Si formas parte de una iglesia muerta, huye por tu vida, busca pastos frescos. Sin embargo, por sobre todas las cosas, nunca permitas que la presencia de Dios se vaya de ti, o lo que es aun peor, nunca la subestimes y la des por garantizada.

CAPÍTULO 3

REINVENTÁNDONOS

Este mensaje fue publicado en el libro Asuntos internos, *que escribí en conjunto con Lucas Leys, bajo el título: «Hay vida más allá de nuestras narices». Creí que sería muy bueno incluirlo, ya que aquel libro estaba enfocado en el liderazgo, pero cada vez que vuelvo a leerlo termino pensando que este es un tema que debería estar abierto para todos.*

Con el correr de los años he aprendido que hay una generación que clama por claridad en los mensajes y necesita que se le hable de manera frontal, directa y sin eufemismos. El enemigo no precisa enviar sus mensajes de manera subliminal, sino que abierta y descaradamente ofrece su mercadería a quien quiera tomarla. Nosotros no podemos seguir hablando a través de metáforas cuando se trata de alertar de peligros reales que pueden ocasionar la muerte del liderazgo, y es por esa misma razón que nació este mensaje frontal y sincero.

Un poderoso hacendado se disponía a irse de vacaciones y le dijo a su capataz:

—Zoilo, me voy unos días a vacacionar, si llega a pasar algo en mi estancia, no dudes en llamarme a mi celular internacional.

—Vaya tranquilo, señor —respondió Zoilo—, tiene que ser algo muy grave para que yo lo tenga que estar molestando.

Finalmente, el magnate se va y a la semana suena su celular.

—¿Patrón? Le habla Zoilo —se escuchó.

—Si. ¿Qué sucedió? —respondió alarmado el patrón.

—Nada importante, pero igual se lo quería avisar: se le murió el lorito.

—¿Qué lorito? ¡Si yo no tengo un lorito!

—¿Ah, no? ¿No era un lorito ese pájaro de muchos colores que siempre estaba en su oficina?

—¡Ese no es un lorito, hombre! ¡Es un papagayo en extinción importado desde la selva africana que me salió nada menos que en veinte mil euros!

—Bueno, entonces ese es el que se murió.

—¿Cómo que se murió mi papagayo en extinción? ¿Qué le pasó?

—Estaba comiendo carne en mal estado, carne podrida, pero se ve que le hizo mal y le reventó el hígado, jefe.

—¿Cómo «carne podrida»? Si te he dejado la comida balanceada que traje desde Europa especialmente para el papagayo. ¿Cómo es que comió carne podrida?

—Debe ser la carne de los caballos muertos, el lorito se puso a picotear y le hizo mal.

—¡¿Qué caballos muertos?! ¡¿Mis caballos de polo?! ¿Mis caballos valuados en miles de dólares? ¿Cómo es que mis caballos de alta competición están muertos?

—Es que los puse a sacar agua del molino y parece que de tanto dar vueltas les dio un paro cardíaco y los pobres caballos murieron del corazón.

—¿Pusiste mis caballos de polo a sacar agua del molino? ¿Estás loco, hombre? ¿Y para qué querías sacar agua del molino si en la estancia hay agua corriente?

—¿Y cómo quería que apagara semejante incendio con agua corriente?

—¿Qué incendio? ¿Qué incendio? ¿Qué es lo que se incendió?

—La estancia, jefe. Se incendió completita.

—¿Pero cómo? ¿Cómo es que se incendió mi estancia?

—Usted sabe... una vela agarra una cortina, una cortina alcanza los sillones, los muebles... y en menos de cinco minutos todo está bajo fuego.

—¿Qué vela? ¿Cómo que encendiste una vela si tenemos luz eléctrica?

—¿Y a usted le parece que queda bien hacer un funeral con luz eléctrica?

—¿Qué funeral? ¿De qué funeral me estás hablando?

—Del de su esposa. Resulta que no me avisó que iba a salir, y como volvió tarde, no la conocí en la oscuridad, saqué mi rifle y tiré a matar. Le pegué tres tiros y no sufrió nada, porque se ve que murió al instante.

—¡Usted está loco! ¡Mató a mi mujer! ¡Está completamente demente!

—Bueno, bueno... ¡si hubiera sabido que iba a hacer tanto escándalo por un simple lorito, ni siquiera lo habría llamado!

He esperado durante años la oportunidad de incluir esta historia en un libro, y esta vez no pude con mi genio. Es muy cómica, pero ejemplifica como ninguna la superficialidad que muestran algunos en lo que respecta a ver la vida. En el caso de este diálogo desopilante, vaya uno a saber por qué razón el encargado de la estancia consideró que lo único importante que debía comunicarle a su jefe era la muerte del lorito, mientras que todo lo demás era un tema menor que no merecía ni siquiera mencionarlo.

A lo largo de estos años y luego de escuchar a varios de mis colegas predicadores, he experimentado la misma sensación que sentí cuando leí por primera vez esta historia: una mezcla de risa con la desazón de no poder dejar de pensar en las víctimas. En el caso de la historia, el gran perjudicado es el hacendado (descontando a su esposa y todos sus bienes materiales). En el caso de la vida real, la gente que escucha los sermones de quienes solo navegan en la superficialidad del reino.

Cuando los líderes no tenemos una revelación concienzuda y constante, corremos el riesgo de decirle a la gente que lo único malo es que no prosperen, no se compren el auto nuevo, no se sanen de la enfermedad o no consigan un buen empleo. En otras palabras, en vez de presentarles el cuadro entero y predicarles todo el consejo de Dios, apenas les dicen que «se les murió el lorito».

La grandeza de seguir aprendiendo

En una cumbre mundial de evangelismo en Ámsterdam, en cierta ocasión le tocaba predicar a un evangelista relativamente novato. Un muchacho de poco menos de treinta años tenía el privilegio de representar a la nueva generación de predicadores ante los miles de ministros y líderes que habían llegado de todo el mundo. Por si fuera poca la presión, detrás de él estaba sentado el legendario Billy Graham, quien cruzó sus largas piernas mientras se disponía a escuchar con atención al joven orador.

El muchacho saludó amablemente a la multitud y comenzó a exponer un mensaje basado en uno de los evangelios. Una introducción, tres puntos claros y una conclusión, casi salido del manual de homilética. Sencillo, pero nada revelador en términos de novedad teológica. Cualquiera de nosotros sabríamos cómo predicar ese mismo mensaje, de qué forma va a terminarlo aun antes de que el propio orador lo haga, y hasta agregarle alguna que otra anécdota para hacerlo más atractivo. Sin embargo, apenas el joven evangelista comenzó su mensaje, el doctor Graham tomó un bolígrafo, un cuaderno de notas y anotó cada uno de los puntos relevantes de aquel mensaje. La mayoría de los líderes que colmaban el enorme auditorio no le dio mayor importancia al sermón del joven novato, a excepción de Billy Graham, el evangelista más renombrado y respetado del mundo.

Ese día todos los presentes, o por lo menos quienes notaron ese detalle de humildad, aprendieron una gran lección: nunca creas que ya no puedes seguir aprendiendo. ¿Qué podría haber predicado este muchacho que no hubiera escuchado antes Graham? No tengo idea, pero él pensó que no podía pasar por alto el tomar apuntes de un mensaje que podría estar enseñándole algo nuevo.

La necedad de no escuchar a nadie

Mi recordado amigo, el reverendo Omar Cabrera, me dijo una vez: «Recuerda que el día que dejes de aprender de otros, ese día comenzarás a morir», y no creo que haya una frase más acertada para definir un síndrome que afecta a cierta parte de nuestro liderazgo, «el sitial donde ya lo sé todo».

He predicado en miles de congregaciones en distintas partes del mundo y en muchas de ellas me he topado con pastores anfitriones que me presentaban a la congregación y luego se iban a su oficina para atender otros asuntos. Comprendo que quizá mi mensaje sea demasiado sencillo para sorprender o bendecir a un pastor de una megaiglesia, pero si acaso mi sermón es tan básico, ¿por qué entonces me confía a su congregación?

Por un momento imagina que te invito a cenar a mi casa, lo cual agradeces de corazón. Llegas con tu familia, la mesa está servida y cuando nos encontramos a punto de cenar te digo: «¿Te molestaría cenar solo? Sucede que tengo otras cosas importantes que hacer y me retiraré a mi habitación, cuando termines de comer, avísame para que venga a despedirte». Solo pensar en este hecho ridículo te lleva a la conclusión de que es el peor acto de descortesía que podría hacerte.

Sin embargo, en el caso de algunos líderes, no creo que sea un tema necesariamente de descortesía, y mucho menos que no sean capaces de manejar sus prioridades de agenda a tal punto que no puedan invertir parte de su sobrevaluado tiempo en escuchar por poco más de media hora a un predicador que ellos mismos invitaron a su propia iglesia. Creo que más bien es una cuestión de orgullo, ya que no desean que su gente vea que el siervo de Dios está recibiendo de alguien menor en cuestiones de rango espiritual.

Cuando le hacemos creer a la gente que hemos llegado a cierto nivel espiritual, lo más difícil es mantenerlo por el resto de nuestra carrera ministerial. Ciertos líderes son demasiado importantes para estar en el servicio desde el principio del mismo, están demasiado ocupados para «perder» su tiempo en cantar alabanzas o adorar con el resto de la congregación, así que solo suben al escenario un minuto antes de predicar.

Otros han llegado a un nivel tan alto que solo se dignan a escuchar a un predicador foráneo que en la medida de lo posible hable otro idioma, jamás a alguien que habla en su propia lengua. E incluso algunos otros definitivamente ya no escuchan nada más que no sea sus propios sermones y terminan siendo sabios en su propia opinión.

Siendo infalibles en nuestra propia aldea

Supongo que los que no tenemos muchos estudios teológicos estamos más obligados a seguir aprendiendo de manera continua. Estar consciente de mis limitaciones hace que tenga que leer y escuchar a cuanto autor o predicador profundo encuentre en el camino; siempre lo he hecho y mantengo ese saludable ejercicio, porque es lo que conserva mi mente abierta y me nutre para que mis mensajes mantengan la frescura que deben tener a fin de seguir alcanzando a la juventud y la familia. Tal vez si hubiese colgado un diploma de doctorado en mi pared, la historia sería diferente, no lo sé. Quizá creería que no podría escuchar o leer el libro de alguien que esté por debajo de mi nivel académico, realmente no lo sé, y te aseguro que no estoy haciendo uso de la ironía.

No sé cómo hubiese sido mi comportamiento de tener varios doctorados, aunque íntimamente estoy convencido de que la esencia de un líder no cambia por el simple hecho del estudio o la preparación.

He conocido a líderes muy capacitados académicamente con una humildad arrolladora (justo el conocimiento los hizo más grandes en términos de integridad y sencillez), y a otros que jamás pisaron un seminario, pero que ostentan un orgullo totalmente injustificado.

En lo personal, cada vez que mi editorial me envía los nuevos libros que salen al mercado, me devoro aquellos cuyos autores sé que tienen algo bueno que decir. Incluso tengo algunos muy buenos amigos que me dicen: «Dante, necesitas escuchar o leer este mensaje», y se toman el trabajo de enviármelos por correo a mi casa. De más está decir que apenas llegan me doy un banquete espiritual. Definitivamente, soy un «sabueso» de todo aquello que puede engrandecer mi espíritu y aportarme conocimiento para la tarea a la que fui llamado. Claro que el Señor me da nuevas y frescas revelaciones personales para cada mensaje, pero soy muy cuidadoso en la manera que lleno mi depósito a diario.

También he aprendido a escuchar (por lo menos una o dos veces) a aquellos predicadores populares cuyas doctrinas son diametralmente opuestas a las mías. Esto lo hago para tener un sano balance a la hora de preparar mis propios sermones y actualizarme con respecto al espectro de aquello que la gente escucha o ve a través de la televisión cristiana.

No podemos encerrarnos en nuestra propia «aldea», nutriéndonos únicamente de nuestros sermones, porque terminaremos en un círculo peligroso donde el centro es nuestra propia opinión, la cual por lo general suele ser celebrada por el círculo más íntimo que nos rodea. Esta es una ecuación que nos conducirá irremediablemente al colapso ministerial.

Todos los líderes necesitamos tener una revelación directa del Espíritu Santo a través de la Palabra de Dios, pero no podemos subestimar aquello que el Señor también les ha revelado a otros consiervos. La revelación constante puede venir por el método que a Dios le plazca. Él puede hablarnos a través de una película con un buen mensaje, la propia naturaleza, una canción, o a través de la prédica de otro hombre de Dios. Pareciera una obviedad aclararlo, pero en ocasiones algunos prefieren decir: «Dios me habló a través de una visión», antes de reconocer que también son mortales que necesitan oír y aprender de alguien más. Como dice un viejo amigo de la infancia: «Aunque no lo creamos, hay vida más allá de nuestras narices».

Un dios senil y reumático

Una vez escuché que la medicina es una carrera que recompensa a la persona de muchas maneras, pero requiere un aprendizaje continuo formal e informal de toda la vida, ya que los médicos deben actualizarse diariamente e investigar sobre los avances de la medicina, pues de otro modo se transforman en profesionales incompetentes ante las nuevas patologías, avances tecnológicos, terapias, tratamientos o medicamentos que surgen periódicamente. Y a decir verdad, me ha tocado ir a consultas con médicos de este tipo, quienes alegan que todo lo que se dice en la actualidad en el marco de la medicina no tiene sentido y solo vale lo que él aprendió hace treinta años atrás, cuando recibió su doctorado.

El resultado es que una vez que el paciente nota que el médico es intransigente a los cambios, prefiere buscar otro galeno. Si quisiera el consejo de alguien que «más sabe por viejo que por doctor», le plantearía su enfermedad a la abuela, que seguramente le dirá que no hay tumores, colesterol o jaquecas que se resistan a su tecito de hierbas naturales.

Recuerdo a mi pastor de la adolescencia, que era un misionero alemán muy íntegro y con una preparación académica extraordinaria. Su ministerio tenía la solidez de la experiencia, pero algo extraño comenzó a suceder a medida que iba adentrándose en años. De pronto empezó a cerrar su mente a cualquier proyecto, idea o cosa que proviniera del resto del liderazgo, que por cierto eran todos mucho más jóvenes que él.

Básicamente su problema no fue envejecer, sino creer que Dios envejecía junto a él. Y entonces sus gustos personales pasaron a ser los de Dios. Le encantaba usar frases del tipo: «Esto no le agrada a

Dios» o «Aquello sí le gusta a Dios», y casualmente esas preferencias eran las propias, porque no se refería a términos de doctrina o principios bíblicos, sino a materia de música, volumen del sonido, liturgia, instrumentos o formas de cantar.

«Los instrumentos santos que le agradan al Señor son el violín y el acordeón», predicó asombrosamente un domingo, con sus respectivos puntos homiléticos, desarrollo y conclusión. Casualmente eran los dos instrumentos que él mismo ejecutaba cuando era joven. ¡Imagínate en qué grado de perdición me encontraba yo, que por aquel entonces tocaba nada menos que la batería!

Supongo que como en sus últimos años él sufría mucho de reuma y artritis, pensó que a Dios le pasaba lo mismo y que ambos merecían que esos jovencitos inmaduros dejaran los instrumentos del demonio, abandonaran la música moderna del infierno, y se pusieran a tocar unos bellos himnos tradicionales con violín, que «era la música que a Dios le agradaba». Obviamente no tardó en dar un sermón con respecto a lo malévolo que era cambiar los himnos tradicionales del himnario por esos «coritos modernos sin sentido».

Salvando las distancias y en algún punto, todos los líderes corremos el riesgo de cometer ese mismo error cuando cerramos nuestra mente a lo que Dios puede estar haciendo en otras culturas, en ocasiones con ministros más jóvenes, que emplean métodos diferentes a los nuestros y formas que escapan a nuestro escaso conocimiento.

No me considero un anciano, sin embargo, puedo asegurarte que en nuestro ámbito cristiano he descubierto algunos géneros musicales que no logro comprender. En realidad, me ha tocado predicar en congresos donde los que me precedían cantaban al ritmo de una música que jamás escuché en mi vida y personalmente considero horripilante. No obstante, el hecho de haber conocido a este querido pastor alemán me enseñó a no cometer su mismo error. Mis gustos personales no son los de Dios, así que en vez de catalogar a esos músicos como «del demonio», trato de verlos en perspectiva y darme cuenta de que es lógico que aun mis propios hijos tengan una apreciación completamente diferente a la mía con respecto a la música.

Yo me voy haciendo mayor, pero Dios sigue siendo el mismo. Con el tiempo voy a envejecer, pero mi Dios no cambia.

Por cierto, la mayoría de la gente que me ha criticado sin piedad y me ha tildado de anticristo nunca se ha tomado el trabajo de escuchar un sermón mío entero o de leer alguno de mis libros. «A mí no me agrada Dante y creo que es un apóstata, porque vi que se burla del rapto» o «No es un hombre de Dios, porque me dijeron que cuenta chistes de suegras». No podemos tener argumentos tan endebles a la hora de levantarlos contra alguien. Si van a criticar, lo menos que se les exige es que investiguen, lean, escuchen, vean y justo luego saquen sus conclusiones.

Todo lo demás no solo es un chisme barato, sino ignorancia y desinformación. A propósito de chistes, una vez me contaron que alguien preguntó:

—Manuel, dime una cosa, ¿qué es lo peor para ti: la ignorancia o la indiferencia?

—¡Pues no lo sé ni me importa!

El entorno nuestro de cada día

Sin embargo, no es solo el orgullo o el pretender que Dios se pone senil lo que produce el aislamiento y la cómoda superficialidad, sino otros factores como el entorno de la misma congregación.

Es lógico que determinada cultura nos vaya envolviendo de tal modo, que dejemos de ver más allá de nuestras propias narices y las cuatro paredes. Cuando tenemos la carga solo por la iglesia local, estamos a solo un paso de ignorar que hay un mundo real afuera y que el reino no lo componen nuestros departamentos de damas, los cinco músicos, la escuela dominical y los tres ancianos.

Me ha tocado llegar a una congregación en plena ciudad (vale la aclaración porque en este caso no se trataba de una iglesia rural en medio de la nada) donde el anfitrión me ha aclarado: «La gente acá es muy sencilla, no los compliques demasiado. Háblales de prosperidad y dales un par de palabras de aliento, que eso les gusta a todos». Y aunque técnicamente no me estaba pidiendo que me apartara de las Escrituras, lo que más llamó mi atención fue que la persona que me lo decía era alguien a quien yo respetaba muchísimo por su capacidad de oratoria y su conocimiento de la Biblia.

Por cierto, mientras él presidía la reunión, me sorprendí al ver que este líder le hablaba a la congregación como si fuesen niños del jardín de infantes, sin cansarse de preguntarles: «¿Cuántos están contentos?». Más de una centena de veces pidió que le dijeran algo a la persona que tenían a su lado, y hasta más de una vez preguntó: «¿Cuántos trajeron sus manos?». No se trataba de gente recién entregada al Señor (y si lo hubiera sido tampoco merecía ese trato que insultaba la inteligencia de cualquier persona promedio), pero el hombre había perdido no solo su frescura, sino su profundidad y la revelación que siempre lo había caracterizado.

Prefiero pensar que el entorno mismo atentó contra él. Supongo que la rutina semanal, la iglesia local y el dejar de aprender terminaron por constituir un cóctel que lo arrojó a un liderazgo totalmente superficial y precario.

Reinventándonos todo el tiempo

Hace poco alguien me dijo: «He notado que has cambiado mucho en los últimos años. ¡Antes eras diferente, pero ahora hasta tus mensajes ya no son iguales!». Sin embargo, lo que para él era un intento de crítica, para mí fue totalmente halagador.

Creo que lo peor que puede pasarnos como líderes es no evolucionar. Involucionar ya es un grave problema, pero permanecer sin cambios que nos eleven a un nuevo nivel en todas nuestras áreas representa un problema serio.

Los principios y la esencia que todos tenemos, nuestras más profundas convicciones, no son negociables y deben mantenerse hasta que termine nuestro tránsito por esta tierra. No obstante, si dejamos de nutrirnos, si abandonamos nuestra sed de aprender y mejorar, habremos caído en la mediocridad o la zona gris del liderazgo. Esa franja donde permanecen aquellos que no definen ni su propósito ni su llamado.

Nací en una cuna pentecostal y mis primeros mensajes se centraron totalmente en mi propia denominación, que era la única que conocía. Mis primeras cruzadas estaban destinadas solo a cierto público, los cristianos más carismáticos. Por aquel entonces, y producto de la mezcla de la juventud con la inexperiencia, catalogaba a los cristianos en solo dos listas: los que hablaban en lenguas y los que no lo hacían. Sin embargo, si Dios me iba a prestar el oído de toda la generación de jóvenes, debía aprender a no ser categórico con respecto a quienes debían o podían escucharme. Era imposible pretender llegar a todos y discriminar a quienes debían oírme.

Cierto día, un amigo periodista a quien siempre respeté me dijo: «Que hables en lenguas extrañas desde un micrófono solo te limitará a cierto sector de la juventud y no te hará ver más espiritual. Hay otras denominaciones que necesitan oír el mensaje de santidad que tienes para darles de parte de Dios, y ni hablar de los millones de muchachos inconversos que no comprenden nada acerca de los dones del Espíritu».

Ese mismo día no dejé de ser pentecostal ni comprometí mis convicciones más profundas, pero entendí que pararme ante un estadio colmado conllevaba una responsabilidad muy grande y no podía darme el lujo de hacer en público lo que bien podía hacer en la intimidad con mi Señor.

Con esto no estoy juzgando necesariamente a quien ejerce el don de lenguas en público, solo cuento un ejemplo personal y una decisión que yo mismo tomé para llegar a las personas con el mismo mensaje de siempre (que jamás estuve ni estoy dispuesto a comprometer), pero sabiendo que me estoy dirigiendo a un público totalmente diverso.

Por aquel entonces, en mi entorno más cercano la manifestación del don de lenguas era un sinónimo de mayor consagración, pero al abrir mi mente me di cuenta de que al hacerlo a través de un micrófono ante miles de personas y sin interpretación, como dijo el apóstol Pablo, no edificaba a nadie más que a mí mismo.

Con el correr de los años y a raíz de las invitaciones a distintas partes del mundo, también aprendí a perfeccionar mi lenguaje. Ciertos «argentinismos» fuera de mi país no se entendían, y algunos hasta resultaban malas palabras en otras culturas. Por lo que tuve que seguir aprendiendo el arte de la oratoria y a expresarme adecuadamente para que muchos no se perdieran la esencia del mensaje al no comprender una palabra mal empleada.

Luego comencé a conocer a muchísimos hermanos bautistas (de los renovados y los más conservadores), hermanos libres, presbiterianos y de otras tantas denominaciones, y para mi sorpresa me encontré con siervos maravillosos, gente piadosa y llena del Señor... ¡aunque algunos no habían hablado en lenguas en toda su vida! ¡Qué necios podemos llegar a ser cuando nos quedamos con nuestra propia superficialidad y nos negamos a ver la multiforme gracia de Dios!

¿Si he cambiado en los últimos años? Claro que lo he hecho y lo seguiré haciendo, conforme a la providencia de Dios.

Mi mensaje centrado en la santidad y la búsqueda de Dios no ha cambiado ni un ápice, sigo creyendo que Dios es el mismo, ayer, hoy y por los siglos. Sin embargo, es obvio que yo necesitaba y aún necesito seguir evolucionando y creciendo, no soy el mismo de hace veinte años, me siento más maduro que el año pasado y pienso que me falta aprender muchísimo en lo que respecta al año entrante.

A propósito, si acaso vas a contar en público el chiste del capataz de la estancia y el lorito, no olvides mencionar dónde lo leíste y quién lo escribió.

Obviamente a mí me lo reveló el Señor...

Es broma, no me creas. También lo copié de alguna parte.

Con el correr de los años y a raíz de las invitaciones a distintas partes del mundo, también aprendí a perfeccionar mi lenguaje. Ciertos vocablos argentinos fuera de mi país no se entendían, y algunos nos resultaban malas palabras en otras culturas. Por lo que tuve que seguir aprendiendo el arte de la oratoria y de expresarme adecuadamente para que muchos no se perdieran la esencia del mensaje al no comprender una palabra mal empleada.

Luego comencé a conocer a muchísimos hermanos bautistas (de los renovados y los más conservadores), hermanos libres, presbiterianos y de otras ramas denominacionales, y para mi sorpresa me encontré con siervos maravillosos, gente piadosa y llena del Señor, pero que alguno no había danzado en la iglesia en toda su vida. ¡Qué necios podemos llegar a ser cuando nos quedamos con nuestra propia espiritualidad y no llegamos a ver la sencillez de la gracia de Dios!

¿He cambiado en los últimos años? Claro que lo he hecho, y lo seguiré haciendo, conforme a la providencia de Dios.

Mi mensaje centrado en la santidad y la búsqueda de Dios no ha cambiado ni un ápice, sigo creyendo lo que Dios es el mismo ayer, hoy y por los siglos. Sin embargo, es obvio que yo necesitaba y aún necesito continuar evolucionando y, por cierto, no soy el mismo de hace veinte años, me siento más maduro que el año pasado y pienso que me falta aprender muchísimo en lo que respecta al año entrante.

A propósito, si acaso vas a contar en público el chiste del capataz de la estancia y el loro, no olvides mencionar dónde lo leíste y quién lo escribió.

—Obviamente a mí me lo contó el Señor.

Es broma, no me creas. También lo copié de alguna parte.

CAPÍTULO 4

CUANDO DIOS CIERRA

Recuerdo que durante todo el año 2010 habíamos planificado hacer una gran cruzada en Argentina a la que llamamos «El Superclásico de la Juventud». Lanzamos la campaña publicitaria y trabajamos durante varios meses para el gran día. Sin embargo, la firma del contrato con el Estadio River de pronto se comenzó a complicar. La justicia emitió una resolución en la que no podían hacerse grandes eventos, y luego de decenas de trabas de toda índole llegamos a una dolorosa conclusión: «Esto no está fluyendo, la puerta está cerrándose». Pude percibir que no era el enemigo tratando de desalentarme, sino el Señor diciéndome: «Detente, no tienes mi favor para este proyecto». Así que desistimos. Al año siguiente recibí un llamado del gobernador de la provincia de Buenos Aires diciéndome que nos cedía gratuitamente el moderno Estadio Único de La Plata durante dos noches para un «Gran Superclásico de la Juventud», logrando de ese modo una conexión de oro que conservo hasta el día de hoy y me abrió decenas de nuevas puertas más grandes. En el 2013 volveríamos al Estadio River para que noventa mil personas atiborraran el lugar y el mensaje saliera en vivo a más de treinta naciones. Cuando Dios cierra, es porque tiene una puerta más grande que aún no podemos ver. De esa experiencia surgió este mensaje, que compartí una mañana de octubre del 2011 con FavordayChurch en el Hilton de Anaheim, California.

Hace poco recordaba un momento triste de mi adolescencia. Estaba trabajando en la carpintería de mi padre y me corté dos dedos de la mano derecha con una máquina llamada «cepilladora». A pesar de haber tomado todos los recaudos necesarios, me distraje y puse la mano donde debí haber introducido la madera. Uno de los dedos quedó colgando de los tendones y el otro literalmente voló por el aire. Alguien lo tomó, lo envolvió en hielo y me llevaron a la clínica. Allí me los volvieron a coser, uno por uno. Fue bastante traumático, ya que lo hicieron casi sin anestesia, pues no había tiempo suficiente para que esta hiciera efecto y querían salvarme la mano.

Durante los siguientes ocho meses estuve muy adolorido. Aunque lo que más me dolía era no saber si iba a recuperar la movilidad de la mano derecha. Todavía tengo las cicatrices en los dedos, y me costó mucho recuperar la movilidad. Ejercitaba la mano con un pequeño balón, el cual apretaba fuertemente para que mis dedos se entrenaran. Por mi parte, hacía todo lo posible para recuperarme, ya que soy dibujante humorístico y siempre he amado el arte, pero al ser diestro no podía escribir con la mano izquierda.

En ese momento nació en mi corazón un clamor: «Señor, por favor, tú me has dado un talento, que es dibujar. Y en estas condiciones no podré volver a hacerlo. Si me devuelves la movilidad y puedo volver a tomar un lápiz, te prometo que voy a servirte y a hacer las cosas bien». Sentía que el día que me corté los dedos la puerta del talento se había cerrado, ya que anhelaba vivir de lo que me gustaba hacer, que era dibujar.

Poco a poco comencé a recuperar la movilidad, aunque no del todo, y por fe empecé a mandar a algunas editoriales mis dibujos previos al accidente. Finalmente una de ellas me contrató para hacer una tira cómica. Tenía diecisiete años y asombrosamente me iban a pagar por lo que me gustaba hacer. Obviamente, no le dije al dueño del periódico lo del accidente. Él no sabía cuánto me costaba dibujar. Hoy, mirando desde la distancia, comprendo que gracias a eso que me ocurrió en la carpintería pude entrar a un mundo nuevo, un periódico que era cristiano.

Un nuevo panorama se abrió de pronto. A veces no sabemos por qué razón, pero Dios nos entrena toda la vida para algo en particular. Cuando una puerta se cierra, aunque nos cause dolor, es porque Dios tiene una puerta más grande para que entremos por ella.

Durante un tiempo trabajé en esa editorial cristiana y en el departamento de misiones de una denominación muy importante en Argentina. Ellos me contrataron para que hiciera el diseño gráfico que esta área necesitaba. Sin embargo, un día a la denominación empezó a irle mal financieramente, de modo que durante dos meses no me pagaron, y como yo no tenía dinero ni siquiera para pagar el transporte que me llevaba a mi empleo, tuve que dejar ese lugar.

Decepcionado porque una segunda puerta se me cerraba, salí a caminar muy triste por la Avenida Rivadavia, una calle muy popular de Buenos Aires, hasta tomar un subterráneo que me llevaría de regreso al tren. De allí tomaría un autobús para finalmente llegar a mi hogar. Mientras iba caminando por esa avenida, de pronto vi un teatro con una gran marquesina que decía: «Jesús salva», y el nombre del pastor. Era día de semana y había mucha gente, de modo que entré al teatro por curiosidad. A la entrada estaba a la venta el periódico de la iglesia, y realmente tenía un diseño muy malo. Entonces pensé: quizás este pastor necesite un diseñador gráfico como yo. Así que tomé el periódico y entré al teatro. Cuando el pastor finalizó el servicio, me acerqué a saludarlo. Al hacerlo aproveché la oportunidad y dije:

—Usted tiene un periódico muy feo.

—¿Por qué me dices eso? —me respondió el pastor, asombrado por mis palabras.

—Porque yo soy diseñador y el dibujante que está buscando —respondí.

Así que con la misma mano que me estaba saludando me haló para subirme a la plataforma y le dijo a sus colaboradores: «Denle trabajo a este muchacho. Parece ser bueno». Diez minutos después de haber estado desocupado, Dios me abría una nueva puerta que me llevó a otro nivel.

Las puertas que se cierran nunca traen alegría, aunque sepamos que era una puerta que no nos iba a proporcionar bendición. Quizás las personas que te mostraban su favor ayer, de pronto, por alguna razón, endurecen su corazón.

Si has enviado solicitudes de empleo y no te respondieron, si sientes que la universidad donde quieres estudiar no te acepta, si ningún médico encuentra la solución a tu patología, si no consigues compradores para tu casa, si tu abogado no te da esperanzas con respecto a tu caso... debes recordar que Dios es el que abre y cierra puertas. Seguramente has orado, has declarado tu fe, pero las cosas no están funcionando como debieran. Espera, hay una palabra de parte de Dios para ti.

Vientos de frente

Si estás experimentando puertas cerradas, caminos con barricadas que no te dejan avanzar, tal vez podrías haber sido un gran amigo del apóstol Pablo, quien luego de su encuentro con Jesús en el camino a Damasco inició un viaje misionero que fue extraordinario, rodeado de la gracia y el favor de Dios.

«Cuando llegaron, reunieron a la iglesia e informaron de todo lo que Dios había hecho por medio de ellos, y de cómo había abierto la puerta de la fe a los gentiles». (Hechos 14.27)

Una vez que llegaron, contaron los milagros, las sanidades y cómo el Señor «había abierto la puerta de la fe a los gentiles». Dios había abierto las puertas de Chipre, Antioquía e Iconio.

En el momento en que tuvimos que mudarnos a California, no contábamos con el tiempo necesario para visitar todas las casas que el agente inmobiliario quería mostrarnos. Entonces oramos y dijimos: «Señor, no tenemos mucho tiempo. Queremos que nos muestres cuál es la puerta que tú has abierto. Queremos saber cuál es la casa que elegiste para nosotros. Y cuando estemos ahí, lo sabremos».

Eso fue lo que literalmente ocurrió con la casa donde ahora vivimos. Una vez que cruzamos el umbral de la puerta, dijimos: «Esta es la casa». Lo sentimos en el espíritu. Podemos percibir cuando una puerta está abierta y cuando no.

La Biblia dice que Dios siempre está dispuesto a oír nuestras oraciones, pero por experiencia sé que hay momentos en los que Dios abre las puertas, tiempos de gracia y favor que tienes que saber aprovechar. Hay instantes en los que puedes pedir, porque los cielos se hallan abiertos. Seguramente estás pensando: «Pero Dios me oye todo el año». Sí, no obstante, hay momentos especiales en los que Dios te toca con una unción especial, es como esa ola que se eleva justo con el viento perfecto a su favor.

Cuando uno viaja en avión, si los vientos vienen de cola, puedes adelantar el tiempo de tu llegada hasta diez o quince minutos. Sin embargo, si el viento viene de frente o contrario, puede haber un retraso del mismo período de tiempo.

El viento de cola representa el favor de Dios soplando detrás de ti, pero cuando hay viento de frente, probablemente tengas que detenerte y esperar a que cambien, porque te va a costar más esfuerzo llegar a destino.

Hay dos tipos de puertas abiertas, una que no necesita esfuerzo de tu parte para avanzar, y otra que también está abierta, pero con vientos de frente. Es esa puerta acerca de la cual Dios dice: «Sí, yo te la abrí, pero no significa que va a ser necesariamente fácil».

Todos queremos saber cuáles son las diez claves para construir una compañía millonaria y pasar de la pobreza a ser un integrante de la lista *Forbes* en menos de un mes. Sin embargo, eso no ocurre así. Dios bendice al que se esfuerza. Nadie que trabaje solamente las ocho horas reglamentarias logrará el efecto o el éxito que tiene esa minoría que trabaja siempre, que aunque esté con su familia piensa todo el tiempo en cómo generar nuevos negocios, nuevas ideas, cómo crecer. Dios no te puede bendecir siendo simplemente alguien con mente de asalariado. No estoy diciendo que uno sea más importante que el otro. Tú puedes trabajar por tu propia cuenta y seguir teniendo mente de asalariado. No obstante, resulta muy difícil que Dios bendiga una compañía de esa manera. Entonces, cuando uno se esfuerza, pueden venir momentos difíciles, en los cuales te encuentras con los dos pies parados sobre la roca y tienes que mantener el equilibrio.

Luego de ese primer viaje misionero, Pablo, Timoteo y Silas iniciaron un segundo viaje, pero en esta oportunidad por alguna razón los vientos ya no vinieron de cola, sino de frente.

«Atravesaron la región de Frigia y Galacia, ya que el Espíritu Santo les había impedido que predicaran la palabra en la provincia de Asia. Cuando llegaron cerca de Misia, intentaron pasar a Bitinia, pero el Espíritu de Jesús no se lo permitió». (Hechos 16.6–7)

La Palabra dice que el Espíritu Santo les había impedido que predicaran en la provincia de Asia. El mismo Espíritu Santo que los mandó a predicar el evangelio a toda criatura hasta el fin del mundo, luego evitaba que lo hicieran en Asia.

Uno pensaría que Pablo salió a predicar y el diablo se le opuso, ya que consideramos que toda puerta cerrada es del diablo y toda puerta abierta es de Dios. Pensamos: «Puerta abierta, Dios está conmigo. Puerta cerrada, el diablo metió su mano. Vientos de cola, Dios está conmigo. Vientos de frente, el diablo está contra mí». Transitamos la vida con este pensamiento básico. Sin embargo, la vida cristiana no es así. Cuando el Espíritu Santo cierra una puerta, es por una razón que a veces te comunicará y otras no.

Como pastor de una maravillosa iglesia, tengo gente a mi cargo. Algunas cosas se las comunico a mi círculo más íntimo, otras las comparto con un grupo más amplio. Decido hacerlo así porque a veces no a todos les interesa, o porque todavía no es hora de que lo sepan. Jesús hablaba algunas cosas con la multitud, pero había otras que solo las comentaba con sus discípulos.

El Espíritu Santo les había impedido que predicaran la palabra en Asia. No obstante, al avanzar, cuando llegaron cerca de Misia intentaron pasar a Bitinia, pero el Espíritu de Jesús no se los permitió.

Cuando aparece este episodio en la Biblia, además de explicarnos la geografía del viaje del apóstol, encontramos dos secretos: el Espíritu Santo impidiéndoles predicar en Asia y el Espíritu de Jesús no permitiéndoles llegar al destino que ellos habían trazado. Las preguntas que surgen son: «¿Se habrán equivocado cuando oraron?». Seguramente habían trazado un plan, tenían un norte.

¿Te ha sucedido que querías ir a predicar y el Espíritu Santo te cerró la puerta? ¿Has orado, sentido paz y convicción acerca de lo tenías que hacer, y de pronto el Espíritu Santo te cerró la puerta, aun cuando habías orado por eso? A mí me ha pasado.

Imaginemos a Pablo después de muchos días de viaje en una barca que se movía todo el tiempo, soportando tormentas, y de pronto, el Espíritu Santo le dice: «Pablo, no avances más por ahí».

Dios todavía sigue cerrando puertas

Siempre predicamos acerca del Dios de los cielos abiertos, de las puertas abiertas. No obstante, también encontramos en la Biblia a un Dios que todavía cierra puertas. La Palabra declara: «Esto dice el Santo, el Verdadero, el que tiene la llave de David, el que abre y nadie puede cerrar, el que cierra y nadie puede abrir» (Apocalipsis 3.7).

Cuando insistes en una relación amorosa que Dios ya cerró y de la que apartó su mano, las consecuencias corren por tu cuenta. Cuando insistes en un negocio que el Señor cerró pero tú quieres continuar, las consecuencias corren por tu cuenta. Cuando Dios da la orden de cerrar una puerta, es porque hay una puerta abierta en otro lugar.

Una puerta cerrada no significa que estás haciendo las cosas mal. No es la interrupción del plan de Dios en tu vida, sino una señal hacia el verdadero plan divino. Cuando te encuentres con una puerta cerrada, no maldigas, seguramente Dios tiene algo mucho mejor, aun cuando tengas que renunciar a eso que parecía bueno.

En el año 2001, montamos un gran espectáculo evangelístico en la ciudad de Buenos Aires, más precisamente en la Avenida Corrientes, el Broadway argentino. Allí se estrenan las grandes obras teatrales y musicales. En medio de todas las marquesinas, armamos nuestro espectáculo. Todo fluyó fácilmente. Era un show que costaba varios miles de dólares. Tenía efectos especiales y un despliegue de muchos actores. Los adolescentes y los jóvenes iban a ver el espectáculo y se sorprendían, porque había motos que entraban al escenario, bajaba gente colgada de arneses y tenían lugar peleas con dobles de riesgo.

Para ese momento, Argentina estaba en medio de una crisis política y económica. El presidente había renunciado y se retiró en helicóptero de la casa presidencial. Durante una semana nadie podía hacerse cargo de la presidencia. En tan solo siete días tuvimos cinco presidentes. La nación era un caos. La gente salía con sus cacerolas a la calle a reclamar su dinero, ya que se lo habían incautado de los bancos. Como podrás imaginarte, nadie iba al teatro, porque esa área céntrica de la ciudad se había transformado en zona de reclamos y manifestaciones. Las ventas bajaron. Solo había crisis, huelgas y gente enojada que rompía con palos las vidrieras de los teatros.

En medio de este caos, le preguntaba al Señor: «¿Qué es lo que salió mal? ¿Por qué no me lo dijiste?». La puerta se estaba cerrando. No podíamos continuar, aunque debíamos más dinero del que habíamos podido recaudar. Me enojé, porque cuando Dios cierra una puerta no nos ponemos felices.

Recuerdo haber subido a un avión con Liliana, los niños y muchas dudas. Tenía más preguntas que certezas. No se trataba de que hubiera querido comprarme una casa, no la pudiera pagar y la perdiera. No había querido comprarme un automóvil para luego chocarlo sin tener seguro. Todo eso lo habría aguantado como hombre. ¡Sin embargo, estaba haciendo algo para el Señor, para exaltar su nombre!

No obstante, Dios también estaba haciendo algo, como con el apóstol Pablo. Mientras creía que Dios cerraba una puerta, me habló y dijo: «Dante, no estoy interrumpiendo el plan, te estoy abriendo una puerta más grande». Esta crisis me llevaría a conocer gente que de otra forma nunca hubiera encontrado.

Poco tiempo después regresamos a Buenos Aires y volvimos a hacer el mismo espectáculo en un estadio cubierto llamado *Luna Park*. Tuvimos que realizar tres funciones en un mismo día, con miles y miles de personas que hacían filas para poder ingresar. Al ver esto entendí las palabras del Señor: «Cuando yo cierro una puerta, no estoy interrumpiendo tu plan, sino que te estoy llevando a un nuevo nivel, a un nuevo camino. Mis caminos son diferentes a los tuyos».

Pablo aprendió la lección

Cuando Dios le cerró la puerta a Pablo, tuvo que redireccionar su barco y terminar en una ciudad llamada Filipos, en Europa. «Durante la noche Pablo tuvo una visión en la que un hombre de Macedonia, puesto de pie, le rogaba: "Pasa a Macedonia y ayúdanos"» (Hechos 16.9).

Dios tenía un plan: llevar el evangelio al mundo occidental. Sería la primera vez que el mensaje saldría del oriente hacia el occidente. Pablo pensaba que el camino era ir a Asia, pero Dios le dijo que debía ir a Europa. Los caminos cerrados te llevan a navegar directamente al camino correcto.

«Zarpando de Troas, navegamos directamente a Samotracia, y al día siguiente a Neápolis. De allí fuimos a Filipos, que es una colonia romana y la ciudad principal de ese distrito de Macedonia. En esa ciudad nos quedamos varios días». (Hechos 16.11–12)

La Biblia relata que después de haber salido a las afueras de la ciudad, fueron a la orilla del río para buscar un lugar de oración y se pusieron a conversar con las mujeres que se habían reunido allí. Una de ellas, que se llamaba Lidia, adoraba a Dios. Era de la ciudad de Tiatira y vendía telas de púrpura. Mientras escuchaba, el Señor abrió su corazón para que respondiera al mensaje de Pablo.

Me pregunto, ¿será que Dios le cerró una puerta a Pablo para que conociera a Lidia? Porque la primera persona del mundo occidental que se entregó al Señor fue una mujer.

Así se inició un avivamiento en Filipos, una revolución a un punto tal que los enfermos se sanaban, los paralíticos caminaban y los ciegos veían. Los magistrados se volvieron locos, ya nadie iba a sus templos a adorar a los dioses paganos. De modo que tuvieron que inventar una mentira contra Pablo y Silas. Les arrancaron sus ropas y los azotaron. Después de haberles dado muchos golpes, los encerraron en la cárcel y ordenaron al carcelero que los custodiara con la mayor seguridad. Los llevaron a la celda más oscura e interna, y ataron sus pies y manos a un cepo. ¿Puede alguien en esta posición tener fe y decir que Dios va a abrir una puerta mejor?

Dios había cerrado la puerta de Asia y eso tuvo un propósito, llegar a Europa. Esta puerta se debería de abrir, sin embargo, estaban presos en una cárcel de máxima seguridad. Nadie abriría la puerta de la cárcel. En ese momento, Pablo propuso adorar y cantar.

«A eso de la medianoche, Pablo y Silas se pusieron a orar y a cantar himnos a Dios, y los otros presos los escuchaban. De repente se produjo un terremoto tan fuerte que la cárcel se estremeció hasta sus cimientos. Al instante se abrieron todas las puertas y a los presos se les soltaron las cadenas». (Hechos 16.25–26)

De pronto las puertas de las celdas comenzaron a abrirse, no solo la de ellos, sino la del resto también. Todos los presos quedaron libres a causa de la alabanza de Pablo y Silas.

En los tiempos de Roma e Israel, cuando a un carcelero se le escapaba un prisionero, su cabeza rodaba por la arena. Así que cuando el carcelero vio que todos los presos habían escapado, tomó su espada y estaba dispuesto a suicidarse. Pero Pablo gritó: «¡No te hagas ningún daño! ¡Todos estamos aquí!». Inmediatamente el carcelero se echó temblando a los pies de Pablo y de Silas y les preguntó: «Señores, ¿qué tengo que hacer para ser salvo?».

Al carcelero lo conmovió ver a un grupo que con las puertas abiertas y los cepos abiertos, no se escapó a ningún lado. A ese hombre rudo no lo conmovía la prédica de un buen mensaje, él necesitaba algo más. No obstante, lo que vio fue suficiente como para que le entregara su corazón al Señor.

Pablo le explicó el mensaje de salvación allí en la cárcel. El carcelero y toda su familia fueron bautizados. Todos se habían convertido.

¿Por qué Dios cerró la puerta de Asia? Porque él quería que el mensaje llegara a Lidia en Europa. ¿Por qué, estando en Europa, Dios permite que los encierren en la cárcel? Porque Dios sabía que un carcelero y toda su familia necesitaban encontrarse con él.

Pablo era como un virus, donde iba contagiaba la unción. El virus se extendía por todo lugar, dentro y fuera de la cárcel, en Asia, Europa, varios naufragios, un barco o tierra firme. Él sabía que tenía que predicar hasta su último aliento, de modo que dijera: «He peleado la buena batalla, he terminado la carrera, me he mantenido en la fe» (2 Timoteo 4.7).

Dios sabía que en Pablo tenía un socio, que cada vez que una puerta se cerraba entendía que siempre había un propósito y una puerta más grande que nunca hubiera logrado cruzar de no haber sido obediente al Espíritu Santo.

Jesús experimentó una puerta cerrada. «Otra vez fue, y oró por segunda vez, diciendo: Padre mío, si no puede pasar de mí esta copa sin que yo la beba, hágase tu voluntad» (Mateo 26.42, RVR60). En el huerto de Getsemaní, Dios le dijo no para decirte sí a ti en las puertas del cielo.

Cuando las noticias comienzan a anunciar que una puerta empieza a cerrarse, los que conocemos a Dios, caminamos con él a diario, sabemos cómo actúa y cuál es su estilo, no nos preocupamos nunca, jamás. Mi única preocupación sería si estoy en pecado, si mi vida no está bien delante del Señor, pero si el Espíritu Santo cierra una puerta, nunca pelearé contra él.

Dios abre una puerta nueva

Es necesario que sepas que el diablo no tiene autoridad para cerrarte una puerta. Cuando Dios cierra, nadie abre. Cuando Dios abre, no hay diablo ni infierno que pueda impedirlo. Dios es el que cierra, porque te ama demasiado. Como padre, decido cerrar puertas para cuidar a mis hijos pequeños en la casa, porque tenemos una escalera y es peligrosa. Nuestra pequeña no sabe que está en peligro, aunque siente frustración al no poder cruzar esa puerta.

Hay puertas que si las cruzas ahora te harán daño. Cuando Dios te cierra una puerta, no insistas. Hay personas que han tenido matrimonios desastrosos porque insistieron en abrir una puerta que el Espíritu Santo les había negado, pero ellos porfiaron. Quizás te encuentras empecinado y dolido por puertas que se te han cerrado. Sin embargo, debes bendecir a Dios.

¿No te llamaron de ese empleo? Dios te está librando de algo.

¿La muchacha que te gusta no responde a tus llamados? Agradécele a Dios, quizás tenga una madre difícil.

Cuando das gracias por una puerta cerrada, es porque vienen tiempos de soluciones celestiales. ¡Dios abre una puerta nueva!

CAPÍTULO 5

EL PODER DEL ENFOQUE

Hace algunos años un gran hombre de Dios y amigo, Omar Cabrera, que vivió como un hombre respetado y murió luego de haber invertido bien y gastado su vida en la obra de Dios, pocas semanas antes de partir me dijo: «Haz de cuenta que tienes una brújula en la mano, si logras mantener tu norte, si logras mantener tu rumbo, solo entonces habrás resistido».

Recuerdo que le prometí atesorar aquel consejo y que procuraría mantener el enfoque, la mirada fija en mi brújula. Cada fin de año, trato de hacer un balance para saber cuán enfocado estoy y si no hay agentes externos distrayéndome de mi llamado y aquello para lo cual fui destinado en el reino de Dios. No tengo complejos mesiánicos, no quiero hacer de todo un poco, he aprendido que debo hacer aquello para lo cual Dios me equipó desde el vientre de mi madre. Este es uno de esos mensajes esenciales que deberíamos leer por lo menos una vez al año. Lo prediqué por primera vez ante un pequeño grupo de líderes en el teatro de la Catedral de Cristal y volví a hacerlo una mañana de noviembre del año 2013 en el Arena del Anaheim Convention Center.

Todos tenemos vidas reales, cotidianas. Nos suceden cosas buenas, y también algunas cosas malas. Somos conscientes de que los corazones son como recipientes con pequeños agujeritos que representan las deudas, dificultades, enfermedades o crisis matrimoniales, las cuales día a día van drenando la Palabra que quizás fue predicada el domingo en tu iglesia. A veces nos preguntamos por qué razón el Espíritu que recibiste durante el servicio dominical no dura toda la semana. La respuesta está en esas fisuras, esos agujeritos por donde se escapa lo que hemos recibido. A eso le llamo «vida real».

Me alegra cuando escucho maravillosos testimonios de personas que cuentan: «Mi familia estaba en crisis, pero empecé a aplicar los principios bíblicos que he aprendido en la iglesia y ahora se ha fortalecido. Limpié mi casa de idolatría. Empecé a amar a mis hijos. Me transformé en el sacerdote del hogar que vela y cuida por la integridad espiritual de la familia, mientras que antes solamente era el proveedor». O cuando comentan: «Mi matrimonio estaba destrozado, pero desde que acepté al Señor en mi vida, mi esposa y yo nos amamos más. No tenía una buena relación con mis hijos, pero ahora ellos se acercaron más a mí».

Dios habla de una vida fructífera, una vida real que florece, en la cual te vaya bien en todo lo que emprendas. De nada nos sirve conquistar el mundo, las naciones, si no podemos conquistar nuestro hogar. Por eso es necesario que los líderes espirituales salgan con un sonido de trompeta claro, que convoque a la batalla. Los buenos líderes hablan de forma comprensible. La Palabra expuesta debe ser clara y enfocada. Debemos enfocar nuestra vida, decidir qué vida, qué ministerio, qué futuro queremos tener. Vivir una vida intencionada, no una vida de reacción.

En uno de los libros de Max Lucado leí un relato maravilloso: «El guardián de un faro que trabajaba en una sección rocosa de la costa recibía su nuevo suministro de petróleo una vez al mes para mantener su luz encendida. Como no estaba muy lejos de la orilla, recibía frecuentes visitas. Una noche, una mujer de la aldea le rogó que le diera un poco de petróleo para mantener el calor en su hogar. En otra ocasión, un padre le pidió un poco para su lámpara. Otro necesitaba algo de petróleo para lubricar una rueda. Como todas las peticiones le parecían legítimas, el guardián del faro trató de agradar a todos y les concedió lo que pedían. Al final del mes notó que le quedaba muy poco petróleo. Pronto, este se terminó y el faro se apagó. Esa noche varios barcos chocaron contra las rocas y se perdieron muchas vidas. Cuando las autoridades investigaron, el hombre se mostró muy arrepentido. Ante sus excusas y lamentaciones, la respuesta de ellos fue: "¡Le hemos dado petróleo solamente con un propósito: mantener el faro encendido!"».

No se trata de si tenemos unción, sino de conocer el propósito para el cual nos fue dada. No podemos suplir las necesidades de todo el mundo. No podemos complacer a todos. Y cuando lo intentamos, se nos acaba el aceite y terminamos estresados, con ganas de abandonar.

El enfoque es una cualidad que no abunda, que no se encuentra en los estantes de los supermercados. No veo mucha gente enfocada. No hay muchas personas que dicen: «Estoy enfocado en esto. En esto soy bueno». Cuando le entregamos nuestro corazón al Señor, lo primero que hacemos es querer suplir las necesidades de todo el mundo, pero no podemos. Necesitamos descubrir qué vida queremos.

Mientras somos niños, decimos: «Cuando sea grande quiero ser astronauta, policía y tal vez actor». Sin embargo, una vez que crecemos y chocamos con la realidad de vivir una vida en piloto automático, tenemos que decidir qué vamos a estudiar, qué carrera queremos seguir. Entonces afirmamos de forma concienzuda: «Esta es la vida que elijo». De otro modo somos aprendices de todo y maestros de nada.

Los líderes que están enfocados tienen un ADN claro, que se va repitiendo en las generaciones que los siguen. Las grandes compañías comenzaron con el ojo de su dueño controlando cómo se atendía al cliente y si lo que se vendía era elaborado como él había soñado que tenía que ser. Cuando esa empresa crece y aumenta el número de empleados, si no recibe una inyección de ADN, identidad y enfoque, se va perdiendo aquello que tenía el lote inicial.

Eso ocurre en las familias. Cuando un matrimonio es recién casado, estipula: «Estas serán las reglas de la casa». En el momento en que nace su primer niño, aplican esas reglas. Practican con él a prueba y error. Al primer hijo se le exige todo. Con el quinto hijo, las reglas ya no importan tanto, pues los padres se van ablandando y el ADN inicial se pierde poco a poco.

Lo que más atenta contra las grandes congregaciones es que pocos miembros comparten el corazón del pastor. El secreto es una iglesia que se congrega a los pies de los discípulos, y aunque la iglesia crezca, el enfoque será el mismo. Si un líder espiritual no puede decir: «Sígueme», tiene un gran problema. «Ustedes, los que van tras la justicia y buscan al Señor, ¡escúchenme! Miren la roca de la que fueron tallados, la cantera de la que fueron extraídos» (Isaías 51.1). Nuestro trabajo es identificar líderes emergentes. Invertir en ellos y darles las responsabilidades del reino, enfocándolos.

Jesús tenía un plan muy claro

El plan de Jesús fue identificar líderes, invertir en su desarrollo y luego enfocarlos en una responsabilidad. La cultura del liderazgo consiste en gente enfocada, que sepa exactamente hacia dónde va. Jesús siempre estuvo enfocado, nunca jamás se salió de su senda. Pudo haber sido un líder político, pudo haber sido un revolucionario incitando una revuelta contra Herodes o contra Roma, pero él sabía exactamente para qué lo había enviado el Padre. Cuando Jesús murió, seguía habiendo enfermos, paralíticos, ciegos y muertos sin resucitar, sin embargo, declaró desde la crúz: «Consumado es», lo cual significa: «He terminado aquello que vine a hacer». El Señor estaba tan enfocado que sabía que lo que había hecho causaría un efecto dominó, una radiación divina, trascendiendo los tiempos, las eras y los siglos. «Consumado es» significa, entre otras cosas, «he mantenido el rumbo». Estaba enfocado en una sola tarea. El poder del enfoque está en saber mantener el rumbo.

Hay corazones que se encuentran distraídos y no enfocados. Vidas sin estrategia, sin prioridad definida, erráticas, con «hipo espiritual crónico».

Entonces surgen preguntas que necesitan respuestas. ¿Cómo encontrar la fortaleza para seguir adelante? ¿Podré hacer lo que estoy haciendo en los próximos veinticinco años? ¿Sobreviviré a mi llamado? ¿Lograré cruzar la meta? ¿Cómo perpetuamos nuestro ministerio y visión?

¿Cuál es tu llamado? ¿Para qué Dios te dio el petróleo? ¿Cuál es el propósito? Hay un momento en la vida de todo hombre y toda mujer que deben preguntarse eso. Pablo le dijo a Timoteo: «Cumple con los deberes de tu ministerio» (2 Timoteo 4.5). No le dijo: «Cumple con *el* ministerio», sino: «Cumple con *tu* ministerio». La longevidad se adquiere cuando no te apartas ni un centímetro de la visión. He descubierto que Dios le da una unción muy especial a la persona que tiene el corazón enfocado, el corazón mirando hacia el blanco. Si persigues dos conejos al mismo tiempo, ambos se escaparán.

¿En qué eres bueno? Enfócate en lo que eres bueno y especialízate en términos espirituales, familiares y profesionales. Tienes que ser el mejor en lo que Dios te llamó a hacer. Trabaja, estudia, asesórate, consulta con abogados, con contadores. Ningún hombre empieza a construir si antes no tiene los planos necesarios para acabar la torre, no sea que tenga una torre a medio terminar. Eso lo dijo el Señor.

Ningún hombre lleva a su ejército a la guerra si primero no pasa revista a sus fuerzas militares y controla si tiene los hombres necesarios para hacerle frente al enemigo, no sea que fracase. La planificación tiene que ver con el enfoque.

¿Sabes por qué razón los domadores de leones usan una banqueta para controlarlos? Porque a la vista del león, las cuatro patas lo distraen, no saben en cuál deben concentrarse ni enfocarse. Eso lo inmoviliza, lo paraliza. La falta de enfoque produce parálisis. La concentración dividida trabaja de forma negativa.

El poder del enfoque te lleva a la excelencia

Los verdaderos líderes han cultivado la concentración y el enfoque a un nivel superior al de la media de la gente. No se trata de que sean más inteligentes, más sabios, o más ungidos que otros, sino de que son personas enfocadas.

Por mi parte trabajo muy duro para cualquier cosa que vaya a hacer. Me preocupé por estudiar acerca del lenguaje del cuerpo, de modo que mientras predico no tenga gestos que distraigan a las personas y se desenfoquen. Aunque la unción está, tengo que hacer mi parte. Dios hace lo que yo nunca podré hacer: traer convicción de pecado, cambiar el corazón de la gente, escarbar en el alma, descubrir los secretos más íntimos. Por años he escuchado decir: «Dios te va a capacitar». Las Escrituras afirman que él pondrá palabras en mi boca, pero tú debes estar preparado para completar la tarea con excelencia.

Cumple con tu ministerio. Cumple con tu llamado. ¿En qué eres bueno? ¿Entregas tu mejor tiempo, tus mejores palabras? No te guardes una buena idea para un próximo libro. No guardes un buen guión para una próxima película. No hay próximo libro, película o vida. Es ahora. El presente es lo único que tienes. El mañana no te pertenece. No puedes celebrar los logros ni llorar los fracasos de mañana. Este es el día que ha hecho el Señor. Hoy es lo único que tienes.

No sabemos cuándo nos tocará partir, pero sé que enfrentaré los ojos de Jesús y me dirá: «¡Hiciste bien, siervo bueno y fiel!» (Mateo 25.23). No obstante, si me llegara a decir: «No diste lo mejor, no te enfocaste, desperdiciaste el petróleo. Has querido suplir las necesidades de todo el mundo en vez de delegar, capacitar, entrenar, liderar y soltar. No pudiste mantener la llama ardiendo. No cuidaste el combustible. No te enfocaste», eso sería muy difícil para mí.

Por mi parte, de algo estoy seguro, no me pararé delante del tribunal de Cristo para que me diga que no di lo mejor de mí. Si no soy mejor es porque ya la cabeza y el corazón no dan para más. Nadie puede ponerme una norma más alta que la interna. Es mi control de calidad interior el que funciona cada vez que me paro ante una multitud o una pequeña reunión de líderes. Eso demanda una preparación.

Los líderes poseemos un mecanismo interno de control de calidad. Si tienes prioridades sin concentración, sabes qué hacer, pero nunca terminas. Si tienes concentración sin prioridades, tienes excelencia, pero no avanzas.

Cierta vez Walt Disney visitó un viejo y casi abandonado lugar de entretenimientos en la ciudad de Los Ángeles y dijo: «Quiero un parque donde los carruseles tengan todos los caballos que suban, bajen y no tengan la pintura agrietada». Su desafío era cambiar el paradigma, y lo logró.

A veces pensamos que estamos enfocados, pero es necesario que tomes tu agenda y tu chequera e inviertas un par de horas en revisar cómo gastas tu tiempo y tu dinero. Calcula cuánto dinero inviertes para vivir, tus pasatiempos y pagos personales, y cuánto en dar. Esa es la medida real de tu enfoque. Te sorprenderás con lo que descubrirás. Muchos no están comprometidos ni enfocados, porque cuando estás enfocado, das todo. El poder del enfoque hace que pongas tu tiempo, tu energía y tu dinero en las cosas que te interesan y te guiarán hacia donde quieres llegar.

Un entrenador le dijo a su jugador estrella: «Solo recuerda que si no estás completamente enfocado, habrá alguien fuera de aquí, en algún lugar, con mayor enfoque. Y algún día se enfrentará contigo y tendrá la ventaja».

El poder del enfoque hace que vuelvas a empezar una y otra vez

Necesitas enfocarte en la vida. Alguna vez leí que un hombre intentó establecer cinco compañías de autos, y las cinco quebraron. Volvió a comenzar y fue un éxito, se llamaba Henry Ford.

Supe de otro hombre que en sus comienzos fue despedido de un periódico porque le dijeron que «le faltaba imaginación y no tenía buenas ideas». Sin embargo, estaba tan enfocado que después de eso comenzó una serie de empresas y terminó con la quiebra y el fracaso. Volvió a comenzar y fue un éxito. Me refiero a Walt Disney, quien ya pasó a ser parte de la historia.

Un japonés llamado Akio Morita creó una olla para hacer arroz con la cual creía que sería millonario, pero fracasó rotundamente. Luego fundó la compañía Sony.

Otro hombre reconocido no habló hasta que tenía cuatro años, y no leyó hasta los siete. Sus maestros dijeron que era deficiente mental y lo expulsaron de la escuela, fue Albert Einstein.

En su primera película, la industria del cine le dijo que no tenía lo que se necesitaba para ser una estrella. «Tú serás cualquier cosa menos actor», le dijeron a Harrison Ford.

Lo rechazaron en tres ocasiones de la Universidad de cine y televisión de California. Treinta y cinco años después de comenzar sus estudios universitarios, en el año 2002, fue que obtuvo su título como productor cinematográfico. Sus colegas le dijeron que no tenía idea de lo difícil que era, pero él no se dio por vencido, porque estaba enfocado. Esa persona es Steven Spielberg.

Muchas veces fue rechazado por el equipo de básquet de su escuela. Nunca se dio por vencido. Una vez dijo: «He fallado más de nueve mil tiros en mi carrera, perdí trescientos juegos, en veintiséis ocasiones me han confiado el tiro ganador y he fallado. Es por todo eso que ahora tengo éxito. Siempre volví a empezar». Esas son las palabras del mismo Michael Jordan acerca de su vida y su carrera deportiva.

Según cuentan, rechazaron mil nueve veces su receta. Le dijeron que jamás iba a resultar, que los estadounidenses no comerían ese tipo de pollo frito. El Coronel Sanders no se dio por vencido. Hoy KFC (Kentucky Fried Chicken) es una cadena millonaria.

Jimmy Denny, gerente del estudio de grabación más grande, despidió al cantante novato y le dijo: «Muchacho, tú eres camionero, no cantante». Gracias a Dios, Elvis Presley no lo escuchó, porque estaba enfocado.

Otra compañía de discos le dijo al grupo: «El sonido de ustedes nunca va a pegar, las guitarras eléctricas nunca les gustarán a los jóvenes». Sin embargo, los Beatles continuaron enfocados.

En sus primeros años, los maestros dijeron que era «demasiado estúpido para aprender cualquier cosa». Fue despedido de sus primeros dos puestos de trabajo por no ser lo suficiente productivo. Ese hombre era Thomas Edison.

Un muchacho le presentó un plan de negocios a su profesor de secundaria y le dijo que esa sería la manera de que todo el mundo tuviera un correo rápido. Le aseguraron que su idea era ciencia ficción, que humanamente jamás se podría llevar a cabo. Fred Smith creó FedEx y se hizo multimillonario.

«¡Dios nunca te va a usar! No sabes hablar, no tienes carisma y no pasaste por el seminario», le dijo un pastor a un adolescente de diecisiete años. Todos los pastores le dijeron que iba a fracasar. Hoy ese muchachito es un hombre, ha recorrido los continentes, predicado en los estadios más grandes, y hoy te ofrece este mensaje que ahora mismo estás leyendo en uno de sus libros.

«Porque somos hechura de Dios, creados en Cristo Jesús para buenas obras, las cuales Dios dispuso de antemano a fin de que las pongamos en práctica» (Efesios 2.10). Dios es quien nos ha hecho a la medida, eres un prototipo.

Él nos ha creado para que hagamos buenas obras. ¿Cuáles son tus capacidades? Cuando enseñas, ¿la gente aprende? Cuando lideras, ¿la gente te sigue? Cuando administras, ¿mejoras la economía? Cuando hablas, ¿te prestan atención? Es maravilloso saber en qué eres bueno.

El poder del enfoque evita el desgaste

El principio de la sabiduría es reconocer las limitaciones. El enfoque evita el desgaste, que te sientas agotado, abrumado. Sin un enfoque claro, el líder cristiano pronto se verá abrumado por el trabajo.

Sé fiel en lo que Dios ya te dio. Sé buen administrador del tiempo. Un líder con llamado piensa: «No quiero irme a dormir sin haber inspirado a alguien, sin haberle alegrado el día a cualquiera». A través de los años hubo personas que drenaron mis energías y otras que me han bendecido. ¿Adivinas con quién elijo estar?

Eso es enfoque a corto, mediano y largo plazo. El enfoque te da energía. Puedo estar físicamente exhausto, pero cuando recuerdo el llamado de Dios para mi vida, recupero las fuerzas. Mi llamado me mantiene andando.

El enfoque protege tus motivaciones. Empiezas a servir a Dios, pero terminas complaciendo a la gente o haciéndolo por dinero. Para proteger el corazón de motivaciones equivocadas, nada mejor que revisar tu enfoque. ¿Por qué yo querría hacer esto? Siempre reviso mis coordenadas y regreso al momento en que alguna vez le pedí al Señor: «¡Úsame!». He descubierto que no tengo que imitar a nadie. Con todos mis defectos y virtudes, este es quien soy: el hombre que le pidió a Dios los oídos de la gente.

Enfócate en tu vida. Enfócate en tu matrimonio. Enfócate en tus hijos. Enfócate en tus finanzas. No des trompadas al viento. Mantén tu rumbo. Mantén tu norte. Ese es el enfoque correcto. Recuerda lo que diría el genial Max Lucado. Te ha sido entregado el petróleo por una sola razón: mantener el faro encendido.

CAPÍTULO 6

LA HOGUERA DE LAS VANIDADES

«Quiero que te acuerdes de mi cara y mi nombre, porque algún día también voy a llenar los estadios y vamos a compartir un escenario». No sé cuántas veces he escuchado esa frase, una y otra vez, en cada nación que me ha tocado ir, a través de las redes sociales, por teléfono o correo electrónico, y estoy seguro de que me seguirá llegando a través de los próximos sistemas de comunicación que se inventen de aquí al futuro, como si la meta de «llenar estadios» o ser «conocido» fuera el éxtasis del ministerio, lo máximo a lo que un líder pudiera aspirar.

Por supuesto, hay otros sueños del mismo tenor: «Sé que voy a grabar un disco», «Dios me dijo que voy a ser el próximo presidente de mi nación», «Voy a escribir un libro que será un éxito de ventas»... y decenas de ejemplos similares. Es muy extraño recibir un correo electrónico de alguien que se sincere y diga: «No tengo idea de en qué podría usarme Dios, pero si acaso él pudiera hacer algo con lo poco que soy, me encontraría dispuesto a serle fiel y le estaría eternamente agradecido por haberse fijado en mí». Una oración hecha así es un artículo de lujo que actualmente escasea en nuestro ámbito. Cuando compartí este mensaje, causó bastante controversia en una noche con el liderazgo en algún lugar de España. Luego lo incluí en el libro Asuntos internos, *y no podía quedar fuera de esta compilación de mensajes.*

Cierta vez, mi amigo y respetado evangelista, Carlos Annacondia, me dijo: «Hay muchos líderes que están más enamorados del éxito que de las almas», y esta fue una de las verdades más valiosas que haya oído. Lo he comprobado en todos estos años de ministerio cuando nos hacemos eco de frases como: «el evento más histórico», «la cruzada más grande», «la iglesia más relevante», «el líder más ungido», «el disco más vendido», «el libro más agotado»... todo lo que sirva para acariciar nuestro ego, hacernos sentir seguros, y por sobre todas las cosas pretender creer que estamos logrando ser populares y como consecuencia extendiendo el evangelio.

La psicología considera a la fama como un impulso primario de la conducta, y los cristianos no están exentos de ese síndrome. El psicólogo Orville Gilbert Brim afirma: «La urgencia de alcanzar el reconocimiento social se presenta en la mayoría de las personas, incluso en aquellas para quienes no es accesible, y sus raíces pueden estar en los sentimientos de rechazo, descuido o abandono. Los que buscan ansiosamente la fama lo hacen por el deseo de aceptación social, por encontrar algún tipo de seguridad existencial. La fama parece ser un bálsamo para la herida que deja la exclusión social».

Toda espiritualidad que se promueve ya tiene algo de enfermedad. Todos aquellos líderes que van por la vida propagando sus virtudes estarán siempre a un paso de la catástrofe moral y espiritual. Cuando escuchamos a personas que hablan de sí mismas como si fuera de otras personas, de un personaje, estamos ante un candidato al desastre. La historia es un fiel testigo de que esto siempre fue así. Por eso es preocupante que haya tantos jóvenes queriendo «llenar estadios», «conmover naciones» o «llegar a la televisión», y no porque esas metas estén mal en sí mismas, sino porque es muy probable que la motivación este totalmente fuera de la voluntad de Dios.

¡Conquistaremos al mundo, Pinky!

Vale aclarar que con esta misma editorial yo he publicado libros motivacionales como *El código del campeón* y *Destinado al éxito*, en los cuales trato de inspirar a los líderes y a los lectores jóvenes a procurar los mejores dones, no conformarse con la mediocridad y soñar con cosas grandes, pero cuando escucho frases que hablan de «estar ante multitudes» como si se tratara de alzarse con un Oscar de la academia de Hollywood, me doy cuenta de que tal vez haya un concepto que algunos malinterpretaron o que por lo menos se han saltado la parte más importante del proceso.

En algún punto los líderes asumimos cierta responsabilidad. En ocasiones, la premura de un mensaje de cuarenta y cinco minutos durante un congreso, o simplemente la arenga en un servicio: «¡Qué Dios cumpla tus grandes sueños!», pueden llegar a confundir a las personas si son aplicadas fuera de contexto, esencialmente a aquellas que esperan tomar su identidad prestada del ministerio al que aspiran llegar.

No podemos pretender alcanzar la cima ahorrándonos el trabajo de escalar la montaña. La búsqueda intensa de Dios, el precio de sembrarlo todo (en ocasiones hasta las finanzas y los bienes personales), así como el deseo de que Dios nos utilice donde él considere que pueda hacerlo, son condiciones determinantes para que un sueño o una visión sean alcanzados, de otro modo, corremos el riesgo de que solo se trate de un mero proyecto personal.

Hace unos años conocí a un líder prometedor en términos ministeriales. Tenía cierto grado de carisma, lo que parecía un llamado claro y enfocado hacia los jóvenes, y se las ingeniaba para hacer eventos donde mezclaba la música de distintos géneros con la predicación. Su único «talón de Aquiles» era un notorio deseo de estar haciendo algo «majestuoso e insuperable». En lo personal, disfruto mucho de la comunicación efectiva y conozco aquello que las agencias de prensa llaman *branding*, que no es otra cosa que el posicionamiento de una marca a través de una buena campaña de promoción dirigida a un público cautivo o de un eslogan pegadizo. Sin embargo, en este caso no se trataba de una simple promoción publicitaria, sino que la motivación del muchacho era demostrar que estábamos ante un nuevo concepto en materia de liderazgo, superando todo lo conocido hasta la fecha, y en ocasiones hasta subestimando la manera en que otros lo habían hecho.

Y lo más triste es que luego de cada evento aparecían las gacetillas de prensa infladas con números ficticios donde contaban cómo «toda la historia» de un país había cambiado a partir de su evento, o cómo los continentes enteros pedían a gritos que su ministerio pasara por su país. Me recordaba a dos simpáticos personajes de la Warner que solían decir:

—Dime Cerebro, ¿qué haremos mañana?

—Lo de siempre Pinky... ¡conquistaremos al mundo!

Lo cómico de la frase no era el deseo de conquistar la tierra, sino que se trataba de dos simples ratones blancos de laboratorio jugando a ser los grandes líderes del nuevo orden mundial.

Cada vez que me acuerdo de él siento pena en lo profundo del corazón, porque era uno de los líderes que pudo haber continuado con la noble tarea que otros comenzaron, pero su deseo de ser el mejor, ganar en los números o en ocasiones desacreditar el trabajo ministerial de sus colegas o quienes lo precedieron, terminaron por marginarlo a la zona gris del ministerio, aquel lugar donde quedan los que pudieron ser.

Actualmente sigue organizando eventos y contando dedos en vez de gente. Solo que ha perdido su credibilidad, nada menos que el principal crédito que puede tener un líder íntegro.

La delgada línea roja

La pregunta del millón es: ¿cómo podemos diferenciar la delgada línea entre la ambición santa y la propia vanidad humana? Los líderes luchamos todo el tiempo para no cruzarla y en más de una ocasión nos despertamos del otro lado de la frontera.

Seamos honestos, todos queremos ser personas especiales, al que diga que solo pretende ser uno más del gentío posiblemente le falten las aptitudes necesarias para ser un líder, pues toda persona que posee cierta ascendencia sobre los demás debe tener una cuota de «ambición espiritual», si se me permite la expresión.

El deseo de crecer, multiplicarse, llegar a más lugares y alcanzar a la mayor cantidad de personas en el menor tiempo son algunas de las metas de los que servimos al Señor. Personalmente, debo confesar que me atrae más predicar a cincuenta mil personas que a una veintena, aunque también debo reconocer que disfruto de ambas. Sin embargo, no es un secreto que todos queremos ver a miles de personas tener un encuentro con el Señor, y si además podemos ser los instrumentos para que eso suceda, nos hará sentir que estamos ganándonos nuestro derecho a vivir y siendo fieles a nuestro llamado original.

Convengamos en que todos los líderes preferimos el hambre por hacer algo más que la chatura o la mediocridad del estancamiento. El problema surge cuando los líderes poseemos conflictos interiores no resueltos y una baja autoestima de la cual no hemos podido librarnos en nuestra vida pasada, de modo que necesitamos obtener nuestra identidad o sanar nuestra estima a través del ministerio. Es allí cuando el llamado a predicar (en cualquiera de sus formas) ya no nos importa por la misión en sí misma, sino que lo utilizamos para hacer catarsis, para canalizar nuestros sentimientos de baja autoestima.

Robert De Niro le dijo una vez a un periodista que todas las personas que se dedican a la profesión de actor simplemente lo hacen porque tienen una estima destrozada y necesitan ser una celebridad para poder seguir viviendo. Aunque no me consta que esta sea la regla general para toda la comunidad de Hollywood, es muy probable que haya muchos casos similares en nuestro ámbito.

A propósito del tema, cierta vez invité a un popular predicador a nuestra iglesia y al presentarlo me aseguré de darle la honra que se merecía. No le entregué el micrófono simplemente diciendo su nombre, sino que dediqué unos diez minutos del servicio para decirle a la congregación lo valioso y significativo que era tener a un hombre de semejante calibre con nosotros. Lo hice con la convicción de que como anfitrión es mi obligación honrar a quien nos visita, y además porque todo lo que decía acerca de él, era totalmente cierto. Luego de una introducción en la que mencioné sus libros, su iglesia y la gente a la que él estaba alcanzado para Cristo, lo presenté en medio de una respetuosa ovación de toda la congregación. Entonces me senté a recibir como un niño, esperando un mensaje fresco, ya que llevaba varios domingos predicando y este era mi día para edificarme sin la presión de tener que estar pensando acerca de lo que hablaría más tarde.

Para mi sorpresa, el hombre pasó, agradeció mis palabras y agregó: «Pero lo que mencionó Dante no es todo...», y acto seguido se dedicó durante unos extensos e interminables casi veinte minutos a contar todo lo que él había hecho y yo olvidé mencionar en mi introducción. Su página web era la más visitada, su ministerio era el más sorprendente, su libro era el más vendido, sus redes sociales superaban a las de cualquier celebridad o político, sus milagros eran incomparables, su inteligencia era desbordante, su gente lo amaba casi lindando con la idolatría, las naciones lo reclamaban más que a ningún otro consiervo... y continuó enumerando sus virtudes por casi media hora. Luego se apuró a fin de usar los quince o veinte minutos que le quedaban para tratar de hilvanar algún mensaje bíblico ante la mirada absorta de toda la congregación que había llegado con hambre de escuchar un mensaje de la Palabra de Dios.

Convengamos en que la gente que había colmado la iglesia ya sabía de quién se trataba y lo que menos necesitaba era más autopromoción del invitado en cuestión.

Por cierto, durante muchos años he formado parte del equipo del doctor Luis Palau y tenido el privilegio de conducir varios de sus festivales evangelísticos. Cada noche que me tocaba presentar a Luis, casi nunca podía mencionar alguna de sus cualidades ministeriales, porque el mismo Palau corría hacia donde yo estaba (literalmente lo hacía), me quitaba el micrófono y decía: «Bueno, bueno... este Dante exagera al hablar de mí. En verdad solo soy un simple predicador que les robaré unos pocos minutos de su tiempo. Quien realmente es un gran predicador es Dante Gebel. ¿Cuántos lo aman y están contentos porque vino a conducir el festival?». Increíblemente, el orador de la noche trataba de honrar a los que apenas lo secundábamos, y eso le otorgaba más grandeza y humildad. La gente estaba allí porque sabía quién era Palau, así que hubiese sido un despropósito si al pasar al escenario dedicaba media hora a hablar de sus logros ministeriales o personales.

En realidad, aquel día que invité a este predicador me quedé con el sinsabor de haber querido escuchar más de la Biblia. Si hubiera querido saber más acerca del hombre, simplemente hubiera visitado su página web.

La motivación correcta

Con el pasar del tiempo me he dado cuenta de que si nuestra estima no está sana, en algún momento nos va a traicionar y terminará empañando el ministerio que Dios nos entregó.

No estoy hablando de la falsa modestia o la tontería de que en un afiche aparezca más grande el nombre de Jesucristo que el nuestro. Tampoco me refiero a la estrategia que elijamos para hacer publicidad de un evento o nuestro propio ministerio. Me refiero a cuando aún no tenemos resueltos ciertos conflictos que terminarán drenando nuestro futuro en el reino de Dios.

La Biblia es clara con respecto a este tema puntual cuando el apóstol Pablo le escribe a la iglesia de Roma y los exhorta diciendo: «Por la gracia que se me ha dado, les digo a todos ustedes: Nadie tenga un concepto de sí más alto que el que debe tener, sino más bien piense de sí mismo con moderación, según la medida de fe que Dios le haya dado» (Romanos 12.3). La Escritura no dice que tengas que tener un concepto bajo de ti mismo, ni tampoco alto, sino una imagen descarnada de lo que realmente eres.

Siempre menciono que hay tres ópticas de ti mismo: como te ven los demás, como te ves a ti mismo y como en realidad eres. Esta última es el concepto exacto que debemos tener de nosotros mismos, conocernos con nuestros aciertos y errores, nuestros adjetivos positivos y miserias. Ese es el eje que nos mantiene en perfecta sintonía entre la humildad y la estima sana. Quienes exponemos nuestra intimidad ante Dios y conocemos a fondo nuestras miserias, no tenemos manera de enorgullecernos solo porque la providencia divina nos coloca frente a una multitud. Nuestra vida privada es la que nos mantiene conectados a la torre de control, la vida pública es solo una consecuencia de lo anterior.

Cuando era soltero y escuchaba a los líderes ya casados decir: «¡No deben caer en tentación! Si tienes novio o novia, pídele ayuda al Señor. Si la carne es débil, llena tu cabeza con algo más útil», recuerdo que pensaba: «Él simplemente lo dice porque ya está casado y puede tener relaciones íntimas con su mujer las veces que quiera. ¡Ya resolvió su problema hormonal!». Y creo que del mismo modo es probable que ahora mismo estés leyendo este capítulo y digas: «Tú hablas de no enamorarse del éxito porque ya predicaste ante multitudes, ya lo viviste y no quieres que yo también lo viva. ¡Ahora es mi turno!». Sin embargo, para que notes que no se trata de una confabulación en tu contra, es por ello que quiero hacerte un par de aclaraciones pertinentes al caso.

Deseo que se levanten predicadores de multitudes, deseo que muchos de nuestros líderes ganen premios, sean relevantes en la sociedad, promuevan una nueva cultura, formen opiniones, manejen cadenas televisivas y logren ser personajes influyentes. ¡Dios permita que tú seas uno de ellos! Al cabo es lo que predicamos y por lo que oramos durante años. Lo he proclamado en cuanto lugar Dios me ha permitido hablar y me ha prestado los oídos del público. Una y otra vez le he dicho a esta generación que se anime a llegar a lugares que hace unos años ni nos hubiésemos atrevido a pensar.

Por eso quiero dejar claro que el problema no radica en tener un sueño grande, lo patético es que tu motivación sea la equivocada, o lo que es peor, que ni siquiera estés dispuesto a pagar el precio para que eso suceda.

Si quieres «llenar un estadio» solo porque te gustaría verte allí, en medio de una ovación y rodeado de flashes fotográficos, lo más probable es que nunca alcances ese sueño, porque Dios no tiene que ver en el asunto, sino solo se trata de una ambición como aquella que puede tener una niña de llegar a ser bailarina o un muchacho de convertirse en astronauta, solo que en este caso está disfrazada de reverencia. Necesitamos sincerarnos de forma brutal y preguntarnos: «¿Por qué quiero ser famoso? ¿Por qué necesariamente quiero ser relevante?». Si la respuesta es porque queremos mostrarles a los demás que Dios nos usa, debemos regresar a las bases de manera urgente.

¿Cuántas veces hemos oído a alguien decir: «Ya Dios me va a levantar y le va a tapar la boca a los que no creyeron en mí»? Y aunque como en el caso de José, algún día quienes te vendieron se inclinen ante ti, o como en el caso del salmo de David, el Señor «prepare la mesa para ti, en presencia de tus angustiadores», la motivación sigue siendo incorrecta. Dios no va a levantarte para calmar tu sed de venganza o de revancha ante los demás. Como dije al principio, la línea es demasiado delgada, pero no deja de ser una frontera que no debiéramos cruzar.

Teoría y práctica

La pregunta clave que todos los líderes deberíamos hacernos es: «¿Nuestra relación personal con Dios es proporcional a lo que esperamos obtener en nuestro ministerio?». Ese es el interrogante que me hago una y otra vez al leer las cientos de cartas que llegan a nuestro ministerio diciendo: «Fui llamado a cosas muy grandes».

Supongamos que estamos de acuerdo y creo que fuiste elegido para las grandes ligas. ¿Estás entrenando espiritualmente para formar parte del equipo, o esperas un toque del dedo mágico del destino?

Es un hecho que no podemos vivir de «espiritualidad prestada». Así que, si crees que serás usado por Dios para llegar a miles solo porque te lo dijo un profeta que llegó de visita a tu congregación (de esos hay más de los que imaginas, que reparten ministerios al mejor postor), o porque te lo mencionó tu pastor, debo decirte que eso no cuenta. Dios no tiene nietos, no puedes vivir a través de la historia de alguien más o de aquello que Dios le dijo a otra persona acerca de ti. Necesitas tener tu propia historia con el Señor.

Tampoco podemos simular lo que no tenemos. Personalmente, admiro algunos ministerios de sanidad, me sorprenden aquellos hombres de Dios que convocan a cruzadas de milagros y oran por los enfermos con una naturalidad sorprendente. Yo no puedo ni siquiera tratar de emularlos si no fui llamado puntualmente a eso.

El apóstol Pablo nos dice que la verdadera causa por la cual Moisés usaba un velo no solo era para tapar el resplandor de su rostro, sino porque la gloria se le estaba yendo. La Nueva Versión Internacional señala: «No hacemos como Moisés, quien se ponía un velo sobre el rostro para que los israelitas no vieran el fin del resplandor que se iba extinguiendo» (2 Corintios 3.13). En otras palabras, no podemos simular aquello que no tenemos solo con el afán de cumplir nuestro sueño personal.

Necesitamos tener la integridad de decir: «Señores, mi rostro ya no brilla, ya pueden mirarme a los ojos». En vez de eso, jugamos a simular que estamos ungidos y generamos un resplandor que ya no poseemos.

Estoy de acuerdo con soñar en grande siempre y cuando no se mezclen nuestros deseos personales. Hemos conocido a muchos líderes que basaron su libido en el ministerio y obtuvieron una «licencia» para hacer lo que no pudieron lograr en el ámbito secular.

Hace un tiempo publiqué en mi Facebook una anécdota ficticia que produjo una revolución de comentarios, muchas sonrisas y varios enojos, que por cierto es lo que suele suceder cuando osamos tocar algunas «vacas sagradas», como los adoradores y salmistas de las iglesias.

Sin embargo, no dejaba de reflejar ciertas verdades que suelen estar a la vista. Mi historia se refería a un tecladista, pero pudo tratarse de un evangelista, un pastor, un líder de jóvenes o un maestro de la escuela dominical. Aquí la reproduzco:

Un niño le dice al padre:

—Papá, ¿tú sabes la diferencia entre teoría y práctica?

—Por supuesto, pero puedes averiguarlo por ti mismo. Pregúntale al tecladista de la iglesia si sería capaz de abandonar el ministerio y tocar para el mundo.

—¿Y eso que tiene que ver con mi pregunta?

—Tú hazme caso —dijo el padre.

Así que el niño va y le hace la pregunta al tecladista, el cual responde muy enojado y seguro: «¡Jamás! Mi talento es solo para el Señor». El chico regresa y se lo cuenta a su padre.

—Muy bien —le dice el papá al niño—. Ahora pregúntale si sería capaz de abandonar el ministerio y tocar para el mundo si un cantante mundano le ofreciera cincuenta mil dólares por cada concierto.

El niño regresa con el tecladista y le pregunta si sería capaz de abandonarlo todo y dedicarse al mundo a cambio de cincuenta mil dólares por concierto, este duda un instante y dice:

—Bueno... por cincuenta mil... tendría que pensarlo y ponerlo en oración.

El niño regresa con el padre y este le dice:

—Hijo, paso a explicarte la diferencia entre teoría y práctica. En teoría, en la iglesia tenemos a un tecladista consagrado y enfocado en el ministerio, pero en la práctica... ¡tenemos a un hipócrita encubierto que se prostituye a la primera oferta!

Aunque insisto en que la historia es inventada, nos ofrece una clara visión de aquellos que están en el ministerio simplemente porque no se les han abierto las puertas seculares, y cuya motivación real no es la extensión del reino, sino una pasión más oculta. La vela que mueve su barco no son las almas, sino su realización personal.

Empapado en aceite

El último punto que debemos tener en cuenta es si estamos dispuestos a pagar el precio que se necesita por aquello que sentimos que es nuestro llamado.

Si aspiramos a los beneficios de la unción, debemos soportar las molestias de la unción. El salmo 133 menciona aquel versículo casi poético que ha sido inspiración de varias canciones: «Es como el buen aceite que, desde la cabeza, va descendiendo por la barba, por la barba de Aarón, hasta el borde de sus vestiduras», lo cual significaba que los antiguos sacerdotes debían pasar por lo menos un día y una noche entera totalmente impregnados en aceite. No se trataba de un pastor poniéndote un dedito con aceite en la frente, cuidando de no tocarte el cabello o correrte el rímel de los ojos, según el caso. Los sacerdotes tenían que empaparse en aceite y durante el día soportar las altas temperaturas del medio oriente (¡literalmente se freían!), mientras que durante la noche el efecto refractario hacía que se congelaran de frío. Justo entonces podían considerarse ungidos. Cuando leo esta historia, no puedo evitar pensar que en algún punto hemos subestimado el llamado a servir a Dios. La palabra «unción» se ha bastardeado a tal punto que el «más ungido» es quien tiene la página web más visitada, el evento con más artistas, la iglesia más grande, más programas de televisión o es el más excéntrico a la hora de predicar.

¿Estamos dispuestos a ver morir nuestros sueños personales en favor de que Dios nos use en lo que él crea conveniente? ¿Estamos listos para sacrificar nuestros propios sueños y nuestras esperanzas? El apóstol hizo un balance de su vida personal y llegó a la conclusión de que no valía un solo centavo, que su única meta era cumplir la misión encomendada: «Sin embargo, considero que mi vida carece de valor para mí mismo, con tal que termine mi carrera y lleve a cabo el servicio que me ha encomendado el Señor Jesús, que es el de dar testimonio del evangelio de la gracia de Dios» (Hechos 20.24).

Sin embargo, aun fue más allá, afirmando no solo que sus sueños personales no tenían valor, sino que todo lo que él pudo haber logrado era comparable a la materia fecal.

«Es más, todo lo considero pérdida por razón del incomparable valor de conocer a Cristo Jesús, mi Señor. Por él lo he perdido todo, y lo tengo por estiércol, a fin de ganar a Cristo». (Filipenses 3.8)

Yo también he cruzado esa delgada línea en varias ocasiones y muchas veces confundí el deseo de hacer algo extraordinario para Dios con mi propia vanidad humana. Le agradezco a Dios que se encargara de hacerme regresar a tiempo en más de una ocasión, y que hasta algunas veces me dejara tropezar solo para que aprendiera la lección. Es más, he asimilado que la santidad no es un sitio donde alguien puede arribar algún día, sino es un trayecto donde se hace camino al andar. Por lo que no descarto que en algún momento del resto de mi vida vuelva a cruzar la línea divisoria, pero estoy seguro de que el Señor me traerá de regreso como lo ha hecho siempre.

Dios nos libre de mostrar la flojedad de los liberales y el estrechamiento neurótico de los legalistas. Que él nos permita encontrar el saludable equilibrio entre una estima sana y la humildad extraordinaria que proviene del Espíritu Santo.

Es un hecho que él no tiene inconvenientes en que seamos reconocidos, queridos de forma entrañable o despiadadamente criticados a causa de aquel a quien representamos.

La fama puede ser nuestra, pero la gloria es suya. Y el día que aprendamos a conocer la diferencia, seremos un poco más sabios y por sobre todas las cosas nos habremos evitado grandes dolores de cabeza.

CAPÍTULO 7

EL VIENTRE DEL INFIERNO

Cuando era un muchachito escuché predicar al genial y querido David Wilkerson un sermón que tenía exactamente este título. Por muchos años no pude olvidar la sensación de imaginarme a un hombre de Dios nadando en el ojo del mismo infierno. Años después, Dios me inspiró a predicar este mensaje y decidí que debía llevar el mismo título. La necesidad de este sermón surgió porque me gustan las preguntas difíciles, ya que me obligan a buscar una respuesta de parte del corazón del Señor. Constantemente se acercan a formularme interrogantes que debo responder. Algunas personas dicen: «Dante, he sido fiel en mis diezmos y mis ofrendas, pero no puedo prosperar, estoy sumergido en una ciénaga de deudas. He sido generoso con la iglesia, pero mis negocios no crecen. Mi situación financiera no es la esperada en este momento del año». Otros preguntan: «Pastor, estoy orando para que Dios me use ministerialmente, pero no encuentro mi lugar. ¿Por qué Dios no me muestra cuál es y qué debo hacer? ¿Qué tengo que esperar?». Varios más señalan: «Estaba enfermo. Dios me sanó y di testimonio de mi sanidad, pero el tumor regresó. ¿Qué ocurrió? ¿Realmente Dios me había sanado? ¿Qué hice mal?». Las respuestas a estas y otras tantas cuestiones de la vida posiblemente se encuentren en el siguiente mensaje que prediqué por primera vez durante una calurosa mañana de verano en la arena del Anaheim Convention Center, en California.

Todas y cada una de estas preguntas solo puede responderlas Dios. Cada una de ellas es muy personal, muy puntual. Sin embargo, luego de mucho pensar, intentamos hallar algunas posibles respuestas. Quizás todavía haya pecado en esa vida. Tal vez haya algo oculto que no ha confesado delante de Dios. Cualquiera de estas y muchas otras pueden ser las respuestas, pero de algo estoy seguro, y es que Dios no envía enfermedades, somos nosotros mismos los que le abrimos puertas legales al enemigo para que ingrese. Esto suele ocurrir cuando nos alejamos de la voluntad de Dios y tomamos decisiones incorrectas motivadas por nuestras propias emociones o deseos. Por ejemplo, cuando elegimos para un emprendimiento a un socio que al parecer por sus conocimientos o inversiones es el correcto, pero no le consultamos a Dios y nos apartamos de lo que él tenía pensado para nosotros. Esto nos lleva solamente al desgaste y el fracaso.

Como familia tenemos muy en claro la importancia de permanecer en el centro de la voluntad de Dios en cualquier orden de nuestra vida. Debemos buscar la voluntad de Dios no solamente a la hora de mudarse de un país, hacerse cargo de una iglesia o involucrarse en una gran inversión. La voluntad de Dios se busca a diario, en lo que respecta a cómo criar a los hijos, qué reglas poner, qué límites correr. Esto implica preguntarle a Dios: «Señor, ¿es tu voluntad que me mude de país?», «¿Es tu voluntad que tome esta decisión con respecto a mi trabajo?», «¿Es tu voluntad que llame a esta persona para proponerle que sea mi socio?». Estas como miles de otras decisiones que tomamos cada día en nuestra vida, debemos consultarlas con Dios.

No pretendo llevar esto al extremo del legalismo, pero es necesario buscar la voluntad de Dios en todo aquello de lo cual tenemos dudas para movernos con pasos firmes respaldados por Dios, ya que esa es la única manera en que las cosas fluyen y salen bien.

El profeta y el pez

Una de las primeras historias que nos cuentan en la escuela dominical es la del profeta Jonás y el gran pez. Algunos piensan que este relato no ocurrió de la manera que la Biblia lo presenta, sino que quizás habría sido un sueño de Jonás, sin embargo, el mismo Jesús validó la historia cuando dijo: «Porque así como tres días y tres noches estuvo Jonás en el vientre de un gran pez, también tres días y tres noches estará el Hijo del hombre en las entrañas de la tierra» (Mateo 12.40).

Jonás era un hombre piadoso y de oración, temeroso de Dios, que siempre hizo las cosas bien. Un día, Dios le da una orden. No le pidió como a Oseas que hiciera algo extraño como casarse con una prostituta. Tampoco le pidió que construyera un arca en tierra seca, como lo hizo con Noé. Jonás era un predicador, a eso se dedicaba. Por lo tanto, lo que Dios le pidió estaba de acuerdo a su actividad. Le dijo: «"Anda, ve a la gran ciudad de Nínive y proclama contra ella que su maldad ha llegado hasta mi presencia". Jonás se fue, pero en dirección a Tarsis, para huir del Señor. Bajó a Jope, donde encontró un barco que zarpaba rumbo a Tarsis. Pagó su pasaje y se embarcó con los que iban a esa ciudad, huyendo así del Señor» (Jonás 1.1–3).

La maldad de Nínive era mucha y había llegado hasta la presencia de Dios, quien le pide a Jonás que vaya a predicarles para que se arrepientan, de lo contrario la ira de Dios vendría sobre ellos. Esta es una orden puntual, pero Jonás, por alguna razón, no quería hacerlo.

El destino de multitudes dependía de la obediencia de Jonás. Sin embargo, se levantó y se fue a Tarsis, una ciudad de España ubicada al otro extremo de Nínive. Dios había determinado que Jonás sería la persona para proclamar la necesidad de arrepentimiento en Nínive. Algo habría visto en él para usarlo con ese propósito. Entendemos que el mensaje no sería agradable, pues seguramente los habitantes de Nínive no lo iban a aplaudir, pero debían arrepentirse, si no tendrían consecuencias, porque la ira de Dios estaba contra ellos.

No obstante, ¿por qué desobedece Jonás? ¿Qué hace que alguien desobedezca? ¿Por qué alguien no quiere obedecer un pedido puntual que Dios hace?

Cuando Dios te llama, no es una sugerencia

Los llamados de Dios no son una sugerencia. Si estás en el supermercado y Dios te ordena: «Háblale a esa mujer que está llorando», no pidas señales, ve y hazlo. Algunos dicen: «Señor, si esto proviene de ti, que la mujer me mire ahora y me pregunte: "¿Dónde están los tomates?"».

Cuando Dios te manda a hacer algo, no es una sugerencia, no es para que pidas garantías. Quizás te preguntas: «¿Y qué tal si hago algo que me pareció bien a mí y Dios no me mandó?». Entonces es preferible que te equivoques por acción y no por omisión. Cuando se trata de extender el evangelio, no dudes: Dios siempre está de acuerdo.

Cierta vez le pregunté a un pastor: «¿Cómo sé que Dios me envía a hacer todo lo que hago? ¿Qué tal si un día me bajo de la barca y me hundo, porque Dios no estaba llamándome a que navegara por el mar?». La respuesta fue: «Dante, Dios siempre va a respaldar la fe, la obediencia, aun cuando solo creíste oír su voz y no fue así, él te va a respaldar. Aun cuando solo pensaste que Dios te mandó, por tu fe inocente de que así fue, te va a respaldar. Él pondrá sostén bajo tus pies aun cuando no te envió, tan solo porque creíste que te estaba hablando».

A Dios no le molesta los que se arriesgan, sino los que no lo hacen, los que quieren garantías porque no desean correr riesgos. Sin embargo, cuando valientemente bajas de la barca y caminas sobre las aguas, aun cuando el Señor no te mandó, él te va a respaldar, porque crees que estás obedeciéndolo. Dios dirá: «Aunque yo no lo mandé, lo voy a sostener, porque cree que yo lo hice».

Cuando Dios envió a Moisés, no le dijo: «Si tú no quieres, buscaré otro pastor». Dios no hace un *casting*, no entrevista empleados a ver si califican. Dios llama a quien eligió y determinó. Si Dios te está llamando a emprender ese negocio, a tener esa pareja, a comenzar esa familia, a mudarte de casa, hazlo. Lo único que te detiene es el temor, son las voces que hablan a tu alrededor. No obstante, los llamados de Dios son órdenes y no necesariamente coinciden con lo que te gusta hacer. Tampoco se trata de estar dispuesto a aceptarlos cuando «lo sientas».

Hay cosas que he hecho que no me gusta hacer, pero es parte de mi llamado. Tú dirás: «¿Dios me mandaría a hacer algo que no me gusta?». No, pero en el paquete hay cosas que te agradan y otras que no. Por ejemplo, cuando uno es papá, no siempre le resulta agradable todo lo que esto involucra, como cambiarle los pañales al niño cuando se ensucia. Eso no es algo que muchos padres disfruten, no saco fotografías del momento y las pongo en Facebook. No obstante, aunque no me guste hacerlo, es parte del paquete. La adolescencia de tu hijo es parte del paquete. Un día tienes un niño parlanchín y hablador, y luego vienen años de adolescencia en que casi no te habla. Eso también es parte del paquete. Tú no puedes decir que eres padre solamente en los cumpleaños o las graduaciones. Tienes que ser padre siempre. Esposo o esposa siempre. Nuera o yerno siempre. El llamado viene con un paquete de cosas buenas y no tan buenas. No podemos decir: «Si esto es de Dios, me tiene que gustar». No siempre es así. El llamado es algo que Dios te está mandando a hacer.

A Jonás se le dio una revelación poderosa de la gracia y la misericordia de Dios. Él conocía las características de Dios para que una nación entera se volviera a Cristo. Así que oró de esta manera: «¡Oh Señor! ¿No era esto lo que yo decía cuando todavía estaba en mi tierra? Por eso me anticipé a huir a Tarsis, pues bien sabía que tú eres un Dios bondadoso y compasivo, lento para la ira y lleno de amor, que cambias de parecer y no destruyes» (Jonás 4.2). Jonás sabía que Dios es clemente, piadoso, tardo en enojarse, de gran misericordia y que no destruye.

Sin embargo, el profeta tenía que proclamarle a Nínive: «¡Dios los va a destruir! ¡Dios los consumirá! Será como Sodoma y Gomorra, no quedará piedra sobre piedra». Evidentemente, Jonás tenía en claro que ese mensaje causaría que el pueblo se arrepintiera y Dios perdonara a la nación, entonces él quedaría expuesto como un falso profeta.

Es como si yo predicara por cadena nacional diciendo: «Dios traerá juicio para Estados Unidos. Morderán el polvo una y otra vez». Si al escuchar el mensaje los estadounidenses se vuelven a Dios, se humillan y piden perdón, Dios los perdonará de inmediato. No obstante, ¿qué sucederá entonces con mi ministerio y mi declaración? La gente diría: «Este hombre predicó destrucción y no ocurrió». De modo que al recibir el llamado del Señor diciéndome que debo ir, quizás mi respuesta sea: «Señor, no quiero ir, porque después quedo como un imbécil ante tu misericordia. Si profetizo destrucción, ¡por favor, destrúyelos! Si profetizo que les irá mal, ¡tiene que irles mal! Porque después se me acaba el ministerio en las iglesias, nadie me querrá invitar a predicar». Esa bien pudo haber sido una de las razones por las cuales Jonás huyó. Sin embargo, no quiero referirme a las razones de la desobediencia, sino a las consecuencias que eso acarreó.

Jonás quiso escapar de la presencia de Dios y fue hacia Jope, allí encontró un barco que iba rumbo a Tarsis, pagó su boleto y subió. Mientras navegaba, se desató una gran tempestad. «Pero el SEÑOR lanzó sobre el mar un fuerte viento, y se desencadenó una tormenta tan violenta que el barco amenazaba con hacerse pedazos» (Jonás 1.4).

La tripulación estaba aterrorizada. Tal era el temor que cada uno comenzó a clamar a su dios. Intentaron de todas las formas posibles enfrentar la tempestad, inclusive echaron al mar los enseres que había en la nave para descargarla. Con todo, la tormenta persistía.

Aquel que camina en desobediencia enfrenta una crisis tras otra. Es posible que aquí encontremos una respuesta a esas preguntas difíciles: «Si hago las cosas bien, ¿por qué me va mal? ¿Por qué salgo de una crisis y entro en otra? ¿Por qué por momentos parece que todo va bien y llega otra vez el bajón?». La respuesta tal vez sea: «Quizás te encuentras en la nave equivocada, o lo que es peor, vas en dirección contraria». Probablemente conoces cuál es tu llamado, pero te diriges hacia otro lado con alguna excusa: «Necesito tiempo para pensar. Es que esta pareja no está funcionando bien. Mi negocio no está dando dividendos...», y así caminas hacia el destino equivocado.

Norte no es noreste

Algunos creen que van en la dirección correcta, pero se equivocan de orientación. Cuando Dios dice «oeste», no significa «noroeste». Dios no bendice por aproximación. Si Dios te muestra a los niños hambrientos de México, El Salvador y Argentina, no significa que podrás convencerlo enviando una ofrenda. Tienes que ir a hacia el destino que determinó.

Dios es un Dios informado. Observa las Escrituras. Cuando envió a alguien le dio día, hora y lugar, tanto de la ida como del regreso. Las directivas de Dios son claras.

Algunos pronuncian frases como: «Todo lo malo viene de Satanás y todo lo bueno viene de Dios». Esa es una doctrina chata. ¿Estás enfermo? Es culpa del diablo. ¿Estás sano? Es bendición de Dios. ¿Eres pobre? Es por culpa del diablo. ¿Eres próspero? Es por la bendición de Dios.

Si bien la prosperidad es de Dios y la pobreza es del enemigo, quizás en un determinado momento de la vida atravieses tiempos de escasez, pero esto no necesariamente es una consecuencia del ataque del diablo, sino que abriste una puerta a través de la cual Dios permitió que el enemigo ingresara la pobreza a tu vida. Seguramente tu pregunta es: «¿Me estás diciendo que Dios puede enviarme a un sitio oscuro?». En esta historia de Jonás, la Palabra dice que Dios desató la tormenta, no el diablo. Las plagas de Egipto no las produjo el enemigo, fueron enviadas por Dios. El diluvio sobre la tierra no fue una tarea demoníaca que Dios no pudo evitar. Sodoma y Gomorra fue un juicio de Dios. No siempre lo que estás viviendo es culpa del diablo, ya que él no puede atacarte si hay un vallado de protección que es resultado de estar en el centro de la voluntad de Dios.

¿Amas a tus hijos? ¿Los amas de corazón? Por favor, no te muevas del centro de la voluntad de Dios, porque hay una mira láser del enemigo sobre ellos. Él está esperando para matar, robar y destruir. Él los atacará apenas te muevas del GPS divino. Tu responsabilidad como padre es no moverte de la perfecta voluntad de Dios. No hay territorios neutros. Estás con el Señor o estás con el enemigo. No hay sitios intermedios donde Dios no te puede mandar ni el enemigo tocar. No existe ese lugar.

Así que Dios envía tormentas, pero... ¿para qué? A veces Dios necesita que los Jonás entiendan que una mala decisión no los afecta solo a ellos, sino que genera un efecto colateral a su alrededor. Jonás desobedece, se sube a un barco, no solo produce caos en el mar, sino también en su embarcación y todas las naves que había a su alrededor.

Los tripulantes vieron a Jonás durmiendo y fueron a despertarlo para que se pusiera a orar, porque las cosas estaban complicándose. Hasta que decidieron echar suerte a ver quién era el que estaba causando tal mal y, por supuesto, todo recayó sobre Jonás, que se vio obligado a declarar quién era, de dónde venía y hacia dónde iba. Así fue que se presentó como hebreo temeroso del Dios que hizo los cielos y la tierra. Y aunque los compañeros de la embarcación hicieron todo lo posible para salvar sus vidas, el mar no se aquietaba, sino que se embravecía cada vez más y más. Entonces tomaron a Jonás y lo echaron al agua, pero Dios había preparado un gran pez para que se lo tragara. Tan fuerte había sido la tempestad, que hasta al pez tenía el estómago revuelto y le cayó mal lo que había comido. Se descompuso. Nadie vomita sin razón, y no creo que el pez haya sido bulímico, seguramente vomitó porque Jonás le cayó mal. ¡No hay nada peor que comerse a un profeta fuera de la voluntad de Dios!

Una oración en el vientre del pez

Mientras escribía este capítulo recordaba a Daniel, uno de mis hermanos de sangre. Hace cerca de treinta y ocho años él conoció al

Señor. Y su deseo era servirlo. Finalmente, fue comisionado como pastor. Cierto día algo ocurrió, alguien puso en tela de juicio su llamado, dudó de su moralidad y levantó un falso testimonio contra él. Esa noche mi hermano regresó a casa, donde yo vivía aún con mis padres, y dijo:

—Papá, mamá, renuncié al pastorado, pero seguiré orando en casa.

—Pero, ¿se puede hacer eso? —preguntó azorado mi papá.

—No lo sé, pero estoy desahuciado, decepcionado de los hombres, así que voy a orar en casa. Eso es todo lo que haré por ahora.

Pensamos que era una buena decisión. Entonces mi mamá le dijo:

—Hijo, no dejes al Señor.

—¿Estás loca? Yo puedo estar mal con la iglesia, pero nunca mal con el Señor —le respondió.

En cuestión de días empezamos a sentirle aliento a tabaco, luego ya no lo ocultaba. Comenzamos a ver grandes cantidades de alcohol en su nevera. En el transcurso de unos meses su matrimonio se derrumbó y nos comunicó que se divorciaba. Él trazó un patrón. Salió de la cobertura espiritual. Nosotros siempre le decíamos: «Daniel, tienes que regresar a Dios». Y él solía responder: «Ya Dios me dará la oportunidad de servirle». Estuvo más de tres décadas apartado del Señor. Era como Jonás en el vientre del pez, diciendo: «Necesito un poco más de tiempo».

Cada vez que desobedeces, un letargo, un adormecimiento, invade tu vida. Jonás se subió al barco, fue a su camarote y en medio de la tormenta se durmió. Era el único que lo hacía. Generalmente, los que ocasionan la tormenta son los que duermen. Todos los hijos y la esposa perciben que la crisis se les viene encima, pero él es el único que no se da cuenta de que todo eso es consecuencia de haberse movido de la perfecta voluntad de Dios.

Hace poco tiempo mi hermano estaba solo en una habitación de su hogar, llamó por teléfono a su hija y le dijo: «Me muero, me muero». Cuando su hija llegó, lo encontró tirado sobre la cama, había fallecido de un infarto. No sabemos si a último momento pudo arrepentirse y decir: «¡Señor, ten misericordia de mí!». Solo espero que no haya sido demasiado tarde. Me gustaría volver a verlo en el cielo y darle un gran abrazo. Siempre lo amé profundamente. Era el tipo más alegre y bromista que haya jamás conocido. Sin embargo, no hay un solo día en que me pregunte si tendré la oportunidad de verlo en los cielos.

Lo cierto es que desperdició más de treinta años en lo que yo llamo «el vientre del infierno». Ese lugar oscuro del que Jonás dijo: «Desde el seno del Seol clamé» (Jonás 2.2, RVR60). El Seol es el infierno.

«Las aguas me rodearon hasta el alma, rodeóme el abismo; el alga se enredó a mi cabeza. Descendí a los cimientos de los montes; la tierra echó sus cerrojos sobre mí para siempre; mas tú sacaste mi vida de la sepultura, oh Jehová Dios mío». (Jonás 2.5–6, RVR60)

¿Por qué Dios permitiría que Jonás estuviera en ese lugar? Para que hiciera esta oración, la cual produjo el vómito del pez: «Mas yo con voz de alabanza te ofreceré sacrificios; pagaré lo que prometí. La salvación es de Jehová» (Jonás 2.9, RVR60).

Leí otro relato maravilloso del genial Max Lucado que quisiera compartir. El autor proponía lo siguiente: «Tienes que ir a la ciudad de Nevada y no tienes auto. Alguien te presta uno para hacer ese viaje largo. Subes al vehículo y te das cuenta de que no tiene radio, solo un reproductor de CDs, por lo tanto, únicamente puedes escuchar la música que el dueño dejó allí. Al escucharla, al comienzo no la reconoces, luego descubres que se trata de música clásica, la cual a ti no te gusta. Piensas que es "insoportable" y la quitas. En el silencio del vehículo comienzas a oír el sonido del asfalto contra las llantas del automóvil y esto se convierte en un ruido tortuoso. Entonces decides darle una oportunidad a esa música. Empiezas a escucharla y cuando estás llegando a tu destino, descubres que no es tan mala como creías. Una vez que emprendes el regreso vuelves a poner la música clásica, ya no obligado, sino porque te gusta. Al llegar a tu casa le dices a tu mujer: "Voy a comprar música clásica". Por supuesto, tu esposa piensa que regresaste borracho. ¡Antes no te gustaba la música clásica! Mi pregunta es: ¿habrías escuchado música clásica si hubieras tenido otra opción? No. Entre el silencio o la música clásica, ¿qué eliges? Por eso la pusiste».

Hay una música, hay una voz que Dios quiere que oigas, y no la vas a escuchar a menos que una tormenta sople sobre tu barco y termines en el vientre de un pez. Quizás el vientre del pez es el sitio donde ahora te encuentras. Te cuesta mucho orar. Padeces de un adormecimiento espiritual. Estás en un sitio oscuro espiritualmente, del cual no puedes salir. Al igual que Jonás, sientes que las algas se enredan en tu cabeza. Algas a las que podemos llamarles pornografía, adulterio, mentira, robo... pero que te envuelven. Sientes que cada domingo decides salir del pozo, pero con el correr de los días vuelves a caer hasta lo profundo del Seol. Sabes que necesitas ser libre, casi te sientes un endemoniado que necesita liberación, pero no creo haber leído que alguien haya exorcizado al pez. Nadie oró para que la supuesta ballena vomitara. El único que oró fue Jonás.

La Palabra dice que luego de haber estado tres días y tres noches dentro del vientre del pez, Jonás oró. Tardó tres días en doblar sus rodillas. Jonás no oró antes porque estaba convencido de que Dios se había olvidado de él. «Desechado soy de delante de tus ojos» (Jonás 2.4, RVR60). Él pensó: «Soy hombre muerto. No puedo caer más bajo. Dios me ha dado la espalda. Me odia por lo que hice».

Sus palabras exactas fueron: «A lo profundo me arrojaste, al corazón mismo de los mares; las corrientes me envolvían, todas tus ondas y tus olas pasaban sobre mí. Y pensé: *He sido expulsado de tu presencia. ¿Cómo volveré a contemplar tu santo templo?* Las aguas me llegaban hasta el cuello, lo profundo del océano me envolvía; las algas se me enredaban en la cabeza, arrastrándome a los cimientos de las montañas. Me tragó la tierra, y para siempre sus cerrojos se cerraron tras de mí. Pero tú, SEÑOR, Dios mío, me rescataste de la fosa. Al sentir que se me iba la vida, me acordé del SEÑOR, y mi oración llegó hasta ti, hasta tu santo templo. Los que siguen a ídolos vanos abandonan el amor de Dios. Yo, en cambio, te ofreceré sacrificios y cánticos de gratitud. Cumpliré las promesas que te hice. ¡La salvación viene del SEÑOR!» (Jonás 2.3–9, énfasis añadido).

Esta es la oración más poderosa que jamás nadie hizo. Fue una liberación desde adentro. Hay quienes se encuentran en situaciones muy duras, se arrastran debido al sufrimiento, pero no oran. Creen que aún pueden negociar con Dios. Personalmente, he estado en el vientre del pez por lo menos en dos ocasiones, y te aseguro que no quiero regresar.

A través de los años, me he encontrado con muchos Jonás. Algunos se perdieron y murieron en su pecado. No obstante, otros se arrepintieron en el vientre de su infierno. Hoy, Dios está usándolos de nuevo poderosamente, como pastores, maestros, evangelistas, obreros laicos.

Mi querido amigo, hay una oración que tienes que hacer ahora. Dile al Señor que pagarás lo que prometiste. Una promesa incumplida es lo que te manda directo al vientre del pez, al vientre del infierno. Tú la olvidas, pero Dios no. Paga lo que prometiste. ¿Es una siembra de dinero? Págala. ¿Es un diezmo atrasado? Págalo. ¿Es tu llamado a obedecer un ministerio? Hazlo, pronto, ya.

Dios envió a Jonás a la «Universidad de la Ballena» y se graduó en una gran bola de vómito.

Por segunda vez

Luego de la oración de Jonás, Dios dio una orden y el pez lo vomitó en la orilla. Mientras estaba en medio del vómito, cubierto por el líquido viscoso que solo puede salir del vientre de un pez, Jehová habló por segunda vez: «Anda, ve a la gran ciudad de Nínive y proclámale el mensaje que te voy a dar» (Jonás 3.2).

Jonás no tuvo tiempo de reponerse cuando Dios le habló de nuevo para decirle que fuera a Nínive a proclamar lo que le había dicho: «¡Levántate Jonás! Mis planes no han cambiado».

El llamado no cambia. Debes grabar dos cosas importantes en tu corazón.

En primer lugar, *toda mudanza, todo cambio de nivel, deja cosas atrás siempre. No te las lleves contigo.* No lleves a Lot contigo al siguiente nivel. No tomes contigo lo que Dios no te manda que lleves. No todos están preparados para el siguiente nivel. Dios dijo: «Abraham, sal de tu tierra y de tu parentela». No te lleves a tu pariente si Dios no te lo pidió. Hay que dejar ciertas cosas en cada nuevo nivel. Cuando Dios te manda a hacer algo, no te lleves a un Jonás, porque te hundirá el barco.

Esto va para aquellos que están dentro de la voluntad de Dios, sin embargo, hay cosas que le están saliendo mal. Tal vez tengas un socio del que tengas que separarte. Hay gente tóxica que hundirá tu barco por más buenas intenciones que tenga. Josué era un hombre valeroso, un estratega, un militar exitoso al que Dios siempre le daba la victoria. Un día fue a tratar de conquistar a una pequeña ciudad y fracasó rotundamente. Y Dios le dijo: «Hay una maldición, un anatema en el campamento. ¡Sácalo! Porque no te bendeciré». Quizás tu respuesta y la mía hubiera sido: «Pero Señor, soy Josué. Tú me has dado la victoria y ahora por uno me la quitas».

Es nuestra responsabilidad echar a los Jonás por la borda. Hay un GPS en nuestra vida, que es el Espíritu Santo. Hay un rumbo que Dios trazó para nuestra vida, una dirección, y la nave debe ir hacia el lugar donde Dios nos indicó. Si hay polizontes a bordo, gente que no debería estar allí, hay que lanzarlos por la borda. Nosotros no vamos a permitir que en el barco haya gente que diga: «Estoy acá, fuera de la voluntad de Dios, pero me gusta navegar». Observa quién está a tu lado. Cuando sufres, ¿ese que está a tu lado sufre contigo? Si no es así, deberías inquietarte. ¿Lleva la responsabilidad junto contigo? De no ser así, deberías preocuparte. Es difícil confrontar a las personas. No es divertido terminar con un socio, despedir a un empleado. Sin embargo, no permitas que tu nave naufrague solamente porque no tomaste la decisión correcta a tiempo.

En segundo lugar, *cuida tu entorno, la intimidad debe ser ganada*. Protege a los tuyos, a los que Dios te encargó que cuidaras. En el tribunal de Cristo, Dios te preguntará por tus hijos, tu cónyuge, tu familia más cercana. Con los demás te llevas bien, los honras, los quieres, pero no son tu responsabilidad.

Cuida tu hogar, cuida tu intimidad. Cuida a los tuyos. Cuida lo más preciado que tienes. Porque cuando un Jonás se sube a tu barco, por más buenas intenciones que tenga te va a hundir la nave. Quizás en este momento el Espíritu Santo te está mostrando quién es esa persona. A otros, el Espíritu Santo les está diciendo: «Tú eres Jonás. Estás en el vientre del infierno y necesitas orar para salir de ahí».

Ve a Nínive. Tarsis no es una opción. Pregona contra esta ciudad, predica la verdad, si no se arrepienten el juicio de Dios vendrá sobre ellos. Y al igual que los ninivitas, si aceptan el reto, se arrepienten y se vuelven a Dios, él demostrará que es clemente, tardo para la ira, grande en misericordia y se arrepiente del mal.

Mira tu vida y pregúntate: ¿quién está en mi barca? ¿Quién está durmiendo en mi negocio? ¿Quién no está sufriendo conmigo en mi dificultad? ¿Para qué lo quiero a mi lado?

Una vez que el barco está navegando, todos deben remar hacia la misma dirección o alguien tendrá que ser echado a los tiburones.

No permitas que nadie eche a perder el esfuerzo de años.

No permitas polizontes a bordo.

CAPÍTULO 8

PADRES SIN EL OJO DERECHO

Este fue uno de los últimos mensajes que prediqué en la Catedral de Cristal antes de salir de allí para transformarnos en Favorday Church. Recuerdo que aquella mañana en particular sentí la exhortación del Espíritu Santo para que hablara al corazón de los padres del modo más frontal posible. Cuando terminé, cientos de familias corrieron al altar bañadas en lágrimas, y lo que más me conmovió fue ver a decenas de niños que lloraban totalmente impactados con el toque divino. Parte de estos conceptos los incluiría más tarde en el Superclásico de la Juventud en el Estadio Único de La Plata, en diciembre del año 2011, la noche dedicada a las familias. No volví a predicar este mensaje desde aquel entonces, porque interpreto que fue para un momento muy específico y una necesidad muy singular en las familias hispanas. Y me atrevo a pensar que cuando leas el siguiente capítulo tendrá el mismo efecto que causó en aquel entonces. Ajústate el cinturón y permite que el Espíritu Santo atraviese tu corazón de un modo inusual.

Cierto día, Jabés de Galaad se vio rodeado por un ejército fuerte, más grande que el suyo, y tuvo temor a fracasar, así que decidió hacer alianza con el enemigo. Las Escrituras lo narran de esta manera:

> Najás el amonita subió contra Jabés de Galaad y la sitió. Los habitantes de la ciudad le dijeron:
>
> —Haz un pacto con nosotros, y seremos tus siervos.
>
> —Haré un pacto con ustedes —contestó Najás el amonita—, pero con una condición: que les saque a cada uno de ustedes el ojo derecho. Así dejaré en desgracia a todo Israel. (1 Samuel 11.1–2)

Al investigar sobre el tema supe que el nombre «Najás», como se llamaba el que rodeó a Jabés, significa «serpiente». Este enemigo tipifica al que en ocasiones viene a rodear a tu familia, tus finanzas, proyectos y sueños. Literalmente uno se siente rodeado, apesadumbrado por una carga, y a veces dice: «Lo que me está pasando es tan fuerte que no me alcanzo a reponer».

Hace un tiempo conversaba con una mujer que me decía: «Vivo de crisis en crisis. Cuando parece que me voy a reponer de la muerte de un ser querido, recibo un revés económico. Cuando me repongo de esa crisis financiera, me entero de que mi hijo está en las drogas. Literalmente parece que todos se pusieron de acuerdo para hacerme la vida imposible. Ya no lucho más. Perdí mi capacidad de pelear, mis fuerzas».

En realidad, esta mujer estaba bajo fuego, bajo ataque. Los estados depresivos son el resultado de habernos rendido, de habernos entregado. Algunas enfermedades provocadas por virus y bacterias atacan al hombre en el momento en que su nivel de inmunización, de defensas, está bajo. No obstante, si en su interior posee las fuerzas y la fe para reponerse y salir adelante, lo logrará. Seguramente has escuchado a algunas personas decir: «Voy a tomarme un té, el medicamento que el médico me recetó, y voy a cuidarme. Tengo que ponerme bien para seguir trabajando». Esa persona se recupera más rápido que aquella que declara: «Soy de enfermarme mucho. Esto me va a durar un tiempo hasta volver a sentirme bien». La actitud predispone a las consecuencias. Esta confesión debilita aún más las defensas emocionales. La Biblia dice: «Lo que más temía, me sobrevino; lo que más me asustaba, me sucedió» (Job 3.25).

Cuando Jabés se vio rodeado por los enemigos, en vez de ofrecer batalla y luchar, se presentó ante «Serpiente» y le propuso lo siguiente: «Danos siete días para que podamos enviar mensajeros por todo el territorio de Israel [...] Si no hay quien nos libre de ustedes, nos rendiremos» (1 Samuel 11.3).

Cuando el enemigo te rodea y observa que no estás luchando, que no estás resistiendo, irá por más. ¡Siempre! Porque él vino para robar, matar y destruir. El enemigo quería que Jabés y su ejército se sacaran el ojo derecho.

En ese tiempo los guerreros romanos, griegos y sirios tenían una armadura que cubría el ojo izquierdo, por lo tanto el único ojo que podían usar durante la lucha era el derecho, el que su enemigo les pedía sacarles. Al resguardar el ojo izquierdo se aseguraban de que nunca un soldado quedara ciego en la batalla. Como la mayoría eran diestros, al cubrir el ojo izquierdo, peleaban con el derecho. Nunca podían tener los dos ojos descubiertos. Se cree que Goliat tenía los dos ojos cubiertos y solo una hendidura en la frente donde la piedra de David pudo golpearlo. Por lo tanto, si ellos accedían a quitarse el ojo derecho, lo que estaban perdiendo era la capacidad de luchar, de dar batalla. Nunca más podrían ir a la guerra, ya que no estaban acostumbrados a pelear con el ojo izquierdo. Ocurre lo mismo con aquel que aprende a tocar la guitarra con la mano derecha y luego de un accidente ya no puede hacerlo. Por lo tanto, para continuar tocando el instrumento debe darles vuelta a las cuerdas y aprender a usar la mano izquierda.

Imaginen eso elevado al nivel militar. Se trataba de un pueblo que no estaba entrenado para pelear con el ojo izquierdo por simple lógica o instinto. Incluso se cubrirían tal ojo con el escudo para protegerlo. Así que el enemigo sabía que al quitarles el ojo derecho, nunca más serían una amenaza. Cuando el pueblo recibió la noticia, lloró.

Del mismo modo, tu enemigo quiere quitarte la capacidad de lucha. Es imposible orar por bendición sobre alguien que ha perdido la capacidad de luchar, de levantarse y decir: «Voy a sacar lo bueno de esta situación. Voy a levantarme y pelear palmo a palmo contra el enemigo que vino a hacerme frente».

Bendigo y celebro las vidas de las mujeres solas que sacaron adelante una familia trabajando todo el día. Ellas no se rindieron. No permitieron que las circunstancias las atraparan, sino que salieron a pelear. Bendigo y celebro la vida de los hombres solos que han salido a luchar y se han levantado cada vez que han caído, y no solo me refiero al pecado, sino a los sentimientos de desánimo y desesperanza en la vida.

Muy bien, número 41

Hay una película épica llamada *Ben Hur* que cuenta la historia de Jesús desde otra óptica. En ella se muestra a un esclavo llamado Ben Hur que se encontraba remando, cuando de pronto un nuevo comandante le pega un latigazo en la espalda mientras estaba encadenado. Ben Hur se aferra fuerte a los remos y sus ojos comienzan a destilar fuego a causa de la ira. El comandante lo mira y le dice: «Tus ojos están llenos de odio, número 41. Eso está bien, porque tu odio te mantiene vivo, tu odio te mantiene fuerte. Así que te mantendremos vivo para que remes, rema bien y sigue viviendo gracias a tu odio».

Claro está que no es el odio lo que debe guiar la vida de un cristiano, sin embargo, la Biblia da licencia para odiar cuando afirma: «El Señor ama a los que odian el mal» (Salmos 97.10). También dice: «Aborrezcan el mal; aférrense al bien» (Romanos 12.9). Y señala además: «Quien teme al Señor aborrece lo malo; yo aborrezco el orgullo y la arrogancia, la mala conducta y el lenguaje perverso» (Proverbios 8.13). Hay una ira que nos es permitida. Una ira santa a favor de tu familia.

¡Enójate contra el pecado y la maldad! Eso es lo que te permite el ojo derecho. La capacidad de pelear. Por ejemplo, puedes sentir ira debido a los ancianos que son abandonados en un asilo de viejos, donde ni sus nietos los visitan y sus hijos los olvidan porque ya no sirven. Eso despierta enojo.

Hace muchísimos años, el reconocido pastor David Wilkerson le predicó a las maras, las famosas pandillas de New York. Entre los jóvenes que se convirtieron en esos días estaba Nicky Cruz, quien en su libro relata la visión que lo llevó a abrir una iglesia en el corazón de Manhattan, el lugar más demoníaco de Estados Unidos. Una ira incontenible lo movilizaba contra lo que el enemigo estaba haciendo en las calles mientras él se encontraba dentro de la iglesia. La ira santa eleva tu capacidad de luchar.

A veces hay cristianos con cierta «culpa» que me dicen que se sienten airados cuando ven lo que provoca la droga, el aborto, la trata de blancas o ciertas políticas. Mi respuesta es: «Eso está bien, número 41. La ira demuestra que estás vivo para Dios».

Seguramente, al igual que yo, sientes ira al ver la televisión actual. Ver los modelos o referentes que sigue nuestra juventud despierta una ira santa contra una generación que sigue un ejemplo equivocado. No obstante, al mismo tiempo me pregunto qué estoy haciendo para afectar a los jóvenes. Esa ira santa mantiene viva mi visión en busca de las cosas que se están haciendo mal y quizás yo pueda cambiar.

Decidido a luchar

«Cuando los mensajeros llegaron a Guibeá, que era la ciudad de Saúl, y le comunicaron el mensaje al pueblo, todos se echaron a llorar. En esos momentos Saúl regresaba del campo arreando sus bueyes, y preguntó: "¿Qué le pasa a la gente? ¿Por qué están llorando?". Entonces le contaron lo que habían dicho los habitantes de Jabés. Cuando Saúl escuchó la noticia, el Espíritu de Dios vino sobre él con poder. Enfurecido, agarró dos bueyes y los descuartizó, y con los mensajeros envió los pedazos por todo el territorio de Israel, con esta advertencia: "Así se hará con los bueyes de todo el que no salga para unirse a Saúl y Samuel"». (1 Samuel 11.4–7)

La Palabra relata que cuando Saúl oyó lo que estaba ocurriendo, el Espíritu de Dios vino sobre él con poder. En ese momento Saúl no se vio sobrecogido por la paciencia ni la mansedumbre, sino que se llenó de ira. Él no se dio por vencido y en su ira habrá dicho: «¿Ustedes piensan que voy a permitir que mi ejército se quede ciego? Peleen». El mismo mensaje debes recibir tú de parte de Dios: «Madre, ¿tienes un hijo apresado por las drogas? Ofrece batalla. Pelea. No pierdas tu capacidad de luchar».

Fue así que Saúl motivó al pueblo para que se uniera a la lucha y enfrentara al enemigo. Quería aunarlos, movilizarlos, lograr un compromiso de parte de ellos, así que tomó un par de bueyes, los cortó en pedazos, y los envió por todo el territorio de Israel como una amenaza para que se unieran y salieran a luchar. Lógicamente, el temor se apoderó del pueblo, aunque no eran sus vidas las que estaban en peligro, sino las de sus bueyes, que eran parte del sustento de Israel. Sin bueyes no podían arar, no se podían movilizar. El buey era su empresa, su máquina para el oficio. Constituía el símbolo del trabajo.

Una de las primeras señales que notarás cuando dejes de luchar frente a la amenaza del enemigo es una crisis en tus finanzas. Se empiezan a afectar, comienzan a menguar. Cuando la crisis financiera golpea un hogar, produce nerviosismo, estrés y problemas matrimoniales. Ante esto, rápidamente nos preguntamos: «¿Qué hice mal?». Sin embargo, esa no es la causa necesariamente, sino una alarma que anuncia que ya no estás luchando, que no te estás levantando y desafiando a lo que viene en tu contra. Cuando te tocan el bolsillo, el sustento te moviliza a pelear.

Saúl estaba enojado, no iba a entregar el ojo derecho de sus guerreros, se habían metido con la gente equivocada. Este ejército iba a pelear.

Pelea por tus hijos

El profeta Nehemías declaró que tenemos que pelear por nuestros hijos, por nuestra familia. Un hijo es lo único eterno que puedes crear. Si un hombre fabrica un automóvil, con el tiempo va a destruirse, se va a herrumbrar. Todas las cosas van a perecer. Lo único eterno que un hombre y una mujer pueden crear es un hijo, un alma que vivirá eternamente en algún lugar. Es por eso que tienes que cuidar esa vida. Debes pelear por el alma de ese niño. Cualquier padre que ignore que hay una batalla por su familia va a ser testigo de cómo el infierno invade su hogar.

No alcanza con preocuparse. Hay que ofrecer batalla por nuestros hijos. Crear un lugar seguro para ellos mientras estén viviendo bajo nuestro techo, levantar muros de protección y no entregar la capacidad de luchar.

Cuando era pequeño, durante el servicio de culto, como no había un área para el cuidado de los niños, dibujaba, ya que amaba el dibujo. Siempre llevaba dentro de la Biblia un papel, y dibujaba la caricatura del pastor, de una mujer gordita que estaba sentada más adelante... No obstante, cuando alcancé la edad de doce años, empecé a ser popular en mi asiento y muchos amiguitos comenzaron a sentarse junto a mí en el fondo de la congregación. Para ese entonces, las damas de la iglesia se sentaban de un lado y los varones del otro. Un día, en medio del sermón, mi madre me vio dibujando y riéndome con mis amiguitos y me miró con su vista láser. Ella tenía una mirada que te atravesaba, como la de Superman. Sin embargo, pensé que no se levantaría del asiento, porque estaba sentada en el medio de los bancos, así que continué haciendo mi dibujo, ya que mi reputación estaba en juego. De pronto sentí que me agarraban del brazo y me levantaban. Era mi madre que pretendía corregirme. Me llevó al baño y me disciplinó. Aunque en aquel entonces me enojé mucho, hoy comprendo que ella, a su forma, estaba fortaleciendo un lugar seguro para mí. Estableció principios en mi vida que hasta el día de hoy respeto y predico sobre ellos. Al corregirme y enseñarme a tener temor de Dios, construía un refugio de santidad e integridad para mí como persona. Desde niño he aprendido a sentir respeto por la casa de Dios. Ya no hice más dibujos o por un tiempo me aseguré de que no me vieran, pero un día de esos el Espíritu Santo me tocó escuchando un aburrido sermón de domingo.

Tus hijos no tienen una «vida privada» si viven en tu hogar. Pueden disfrutar de sus momentos privados para bañarse, acostarse, cambiarse, pero no pueden tener contraseñas que tú no conozcas. Seguramente pensarás: «Pero mi hija de quince años me va a odiar». Es tu responsabilidad cuidar de tus hijos mientras que ellos no sepan todavía discernir lo bueno de lo malo. Es tu responsabilidad bendecirlos, no perder el ojo derecho, no perder tu capacidad de luchar y decir: «Voy a pelear por mis hijos porque Dios me los ha entregado y tengo que presentárselos al Señor, como hizo la mamá de Samuel». Lucha por tus hijos y dile al enemigo que no se los vas a entregar, asignándoles como padres ángeles que los protejan. Y ten por seguro que de esta manera se les hará complicado pecar, porque tienen un ángel al lado que los cuida.

Mi mamá ganó la batalla por mi destino. Ella siempre decía: «Este hijo va a hacer cosas grandes». Ella peleó la batalla para hacer de mí un hombre de bien en la vida y la eternidad. Cuando llegue al cielo y el Señor me diga: «¡Hiciste bien, siervo bueno y fiel! En lo poco has sido fiel; te pondré a cargo de mucho más. ¡Ven a compartir la felicidad de tu señor!» (Mateo 25.21), el mérito también ha de tenerlo mi mamá, por aquella vez que me tomó del brazo y me enseñó valores al decirme: «En la iglesia no se juega».

Supe de la hija de un pastor que quería participar del concierto de una reconocida banda musical secular que había llegado a su país. La muchachita, en medio de su rebeldía, compró los asientos más caros del estadio, en un sector VIP. La noche del concierto la banda invitó a varias de las chicas que estaban allí a que pasaran a los camerinos. Seguramente habría droga, sexo y descontrol. La muchacha dijo: «Voy a ir. Estoy harta de ser la virgen del grupo». Y fue. Sin embargo, antes de entrar a la sala, se encontró en la puerta con una bruja que era la guía espiritual de la banda, la cual autorizaba el ingreso de las personas al camerino. Cuando la bruja vio a esta muchacha, dijo:

—Tú no pasas.

—¿Por qué no me deja entrar? A mí también me invitaron —respondió la chica.

—No ingresas porque hay algo en ti, una energía a tu alrededor, de modo que no puedes entrar. ¿Eres cristiana? —preguntó la bruja.

—No, no soy cristiana —declaró la joven.

—¿Tienes algún pariente cristiano?

—Mis padres —respondió la muchacha.

—Es por eso. Vete, porque hay algo alrededor tuyo que no me permite dejar que entres aquí —determinó la bruja.

En el momento previo a que la jovencita saliera hacia el concierto, sus padres no pudieron impedir que se fuera, entonces oraron diciendo: «Señor, cúbrela. Pon ángeles a su alrededor». Eso fue lo que ocurrió. Había ángeles alrededor de la muchacha a causa de que sus padres estaban orando.

Nunca bajes la guardia

Nehemías estaba construyendo los muros, lo que se tipifica como la seguridad de las familias, y llegó la amenaza de destrucción del enemigo. No obstante, Nehemías se detuvo y mira lo que las Escrituras declaran que hizo: «Luego de examinar la situación, me levanté y dije a los nobles y gobernantes, y al resto del pueblo: "¡No les tengan miedo! Acuérdense del Señor, que es grande y temible, y peleen por sus hermanos, por sus hijos e hijas, y por sus esposas y sus hogares"» (Nehemías 4.14).

A veces se me acercan mujeres que me piden: «Pastor, bendiga a mi hijo». Mi respuesta es: «Mamá, no es que no quiera orar por su hijo, pero si fuera médico, sabría qué medicamento resulta mejor para su diagnóstico. Y ese le voy a dar. El mejor medicamento de bendición para su hijo es que usted, como mamá, ore por él y lo bendiga. Ningún pastor, por más ungido que esté, puede pasar por encima de la bendición de un padre y una madre. Hay una cobertura que solo usted puede darles a sus hijos, nadie más puede ofrecérsela.

Por lo tanto, si has perdido el ojo derecho, no me pidas a mí que con el mío, que lo tengo para mis hijos, ore por los tuyos. Puedo orar, puedo bendecirlo, pero la cobertura, la asignación de ángeles, se hace a través de un padre, aunque su hijo tenga cuarenta años.

Nehemías nos da la respuesta en los versículos 16 al 18 del capítulo 4 cuando dijo: «A partir de aquel día la mitad de mi gente trabajaba en la obra, mientras la otra mitad permanecía armada con lanzas, escudos, arcos y corazas. Los jefes estaban pendientes de toda la gente de Judá. Tanto los que reconstruían la muralla como los que acarreaban los materiales, no descuidaban ni la obra ni la defensa. Todos los que trabajaban en la reconstrucción llevaban la espada a la cintura».

Cuando supieron que sus enemigos querían atacarlos, no detuvieron la obra, sino se dedicaron a construir y estar atentos ante la amenaza. Con una mano trabajaban, mientras que sobre sus lomos llevaban la espada para defender lo suyo. Así debemos actuar los padres para resguardar a nuestros hijos. Esta tarea demanda doble esfuerzo, pero no bajes la guardia, no pierdas la capacidad de pelear espiritualmente por ellos. Sé el centinela de tu hijo. Nunca te desentiendas de él, ni siquiera cuando se va a la habitación a dormir. Tal vez pienses: «Pastor, ¿no será paranoico eso? Yo confió en mi hijo». Yo también confió en el mío, los he educado bien, les he dado buenos fundamentos, pero mientras que son pequeños y no saben discernir el bien y el mal, estoy cerca, porque engañoso es al hombre su corazón, entonces yo tengo que saber por qué sitios de la Internet ellos navegan.

A veces tenemos mucho miedo a corregirlos, ya que los psicólogos nos dicen: «No les digan nada porque les provocan un trauma. Hay que dejarlos libres». Entonces de pronto observamos atónitos que hemos perdido una generación entera por falta de corrección y disciplina. Papá, mamá, no tengas temor de controlar la música que entra a tu hogar, los sitios de la Internet donde navegan tus hijos. Tú eres el protector.

El octavo pasajero

Noé fue el octavo pasajero que se subió al arca, el último en abordar. Tardó ciento veinte años en construirla, años durante los cuales preservó su ojo derecho y peleó por su familia, pues no se iba a salvar él solo. Subió a los animales, a la familia, y por último lo hizo él. No te rindas. No entregues a tus hijos. Me molesta cuando los padres dicen: «Bueno, ya no lo puedo controlar porque tiene quince años». Debes velar por ellos, son almas eternas confiadas a tu cuidado.

Job ofrecía diez sacrificios por día, uno por cada hijo, y los cubría con la sangre del cordero. Esa sangre era un cerco de protección alrededor de cada hijo suyo. La sangre protege y limpia el hogar. Tienes que levantarte y decirle al enemigo: «Pisaste un lugar santo cuando atacaste mi hogar, lucharé por mis hijos y haré que vuelvas por donde viniste». Job ofrecía sacrificios todos los días. MTV no va a criar a tus hijos, la niñera no les va a inculcar valores, la Internet no los va formar, la maestra no les va a dar lo que solo por autoridad espiritual y principios bíblicos pueden darles los padres.

Tu prioridad debe ser el hogar, no el ministerio ni la carrera. ¿De qué sirve ganarme el aplauso de miles y tener el desprecio de mis hijos? ¿De qué sirve que me halague la secretaria y me maldiga mi mujer? ¿De qué sirve ganar dinero todos los días de la semana si cuando me voy de vacaciones con mi familia soy un desconocido y ni siquiera sé cuáles son sus sueños? Y lo único que espero que las vacaciones se terminen para volver donde creo que me siento cómodo.

Algún día tendremos que descender. Esta vida no es un vuelo de crucero a una altura y velocidad constantes. Y en determinado momento necesitarás una pista donde aterrizar, y ese sitio será tu familia.

Si sembraste bien, ahí estarán tus hijos esperándote. Si hiciste un buen trabajo, tu esposa anciana, tu esposo viejito, te estarán esperando con una comida caliente, un té. Entonces podrás mirar el mar, el horizonte, sabiendo que has vivido una vida digna, bien vivida. Ellos son los únicos que quedarán. Los pastores se irán, los amigos no estarán, solo quedará tu familia.

Los reconocimientos quedan olvidados, aun el diploma más reluciente se pone viejo. Los escritorios brillantes de caoba algún día parecerán viejos, pacatos, antiguos. Y los que hoy te dicen: «Señor, pase por acá», algún día dirán: «El rey ha muerto, viva el rey». Otro ocupará tu lugar, ya no te honrarán y nadie te abrirá la puerta. Excepto tu familia. Aquellos que se sentarán a la mesa y te dirán: «Papá, cuéntame otra vez la mismísima historia que me has contado mil veces». Y simularán que los sorprendes. Esos son los que te esperan en el aterrizaje.

Limpia tu hogar

David fue un rey superlativo, un administrador excelente, un gran compositor y salmista, pero un pésimo padre. Había tenido un montón de esposas y concubinas, pero mientras estaba viejo y enfermo, sus sábanas se enfriaron y él temblaba. Así que una doncella que le habían acercado para que tuviera sexo con el viejo David, aunque no lo tuvo, terminó dándole un poco de calor y le hizo compañía antes de morir. El gran rey David, que había matado al gigante y tenía un montón de esposas, concubinas, hijos y nietos, murió en los brazos de una extraña. ¿Qué hizo David mal en la vida? Perdió la capacidad de pelear por su familia, por los hijos que Dios le entregó. No limpió su hogar.

Uno de los pasajes más sorprendentes de la Biblia es aquel en el que Israel llegó a Canaán y Dios lo alertó diciéndole que allí había casas que ellos no habían construido y habían sido dedicadas a los ídolos. Estos se encontraban ocultos en las paredes. Había demonios escondidos en los subsuelos de esas casas.

«Entonces el sacerdote mandará desocupar la casa antes que entre a mirar la plaga, para que no sea contaminado todo lo que estuviere en la casa; y después el sacerdote entrará a examinarla. Y examinará la plaga; y si se vieren manchas en las paredes de la casa, manchas verdosas o rojizas, las cuales parecieren más profundas que la superficie de la pared, el sacerdote saldrá de la casa a la puerta de ella, y cerrará la casa por siete días [...] Y hará raspar la casa por dentro alrededor [...] Y si la plaga volviere a brotar en aquella casa, después que hizo arrancar las piedras y raspar la casa [...] entonces el sacerdote entrará y la examinará; y si pareciere haberse extendido la plaga en la casa, es lepra maligna en la casa; inmunda es. Derribará, por tanto, la tal casa, sus piedras, sus maderos y toda la mezcla de la casa; y sacarán todo fuera de la ciudad a lugar inmundo». (Levítico 14.36–38, 41, 43–45, RVR60)

Al principio el pueblo de Israel no iba a construir, seguramente iba a habitar en las casas dedicadas a los ídolos, pero Dios les habla de la limpieza de la casa y les dice: «Manchas verdosas o rojizas van a aparecer muy profundas en la superficie de la pared, límpienla, ráspenla, si quitan las manchas, eso que sacan échenlo afuera de la ciudad porque está inmundo. No obstante, si la lepra vuelve a brotar en las paredes, entonces derriben la casa».

Ahora bien, ¿cómo una pared puede tener lepra? ¿Qué tipifica eso? Todo lo que está en la Biblia representa algo. La lepra en la pared significa conflictos en el hogar. Cuando navegas por la Internet para mirar pornografía mientras tu esposa está durmiendo, le abres una puerta legal al enemigo. Y aunque te autosatisfaces y crees tener placer, pones lepra en las paredes, inmundicia en tu casa. Muchos creen que los pactos con el diablo solo son aquellos hechos con velas negras o vistiéndose de monje negro e invocando a Belcebú. Los pactos se hacen abriéndole puertas legales al enemigo. Cuando adulteras o vives en fornicación, abres puertas que de pronto eliminan la inmunización y protección que tienen tus hijos, tu familia. El pecado produce muerte. También el brote de lepra puede referirse al conflicto, el enojo, el abuso verbal y físico. Todas estas son manchas en las paredes que deben limpiarse con sangre.

Flechas en las manos de un guerrero

El salmista dice: «He aquí, herencia de Jehová son los hijos; cosa de estima el fruto del vientre. Como saetas en mano del valiente, así son los hijos habidos en la juventud. Bienaventurado el hombre que llenó su aljaba de ellos; no será avergonzado cuando hablare con los enemigos en la puerta» (Salmos 127.3–5). La aljaba era el sitio donde el guerrero colocaba las flechas. ¿Recuerdas las películas de Robin Hood?

Si los hijos tipifican las flechas, como consecuencia el padre y la madre representan el arco. Si apuntas tu arco hacia el materialismo, tus hijos amarán el dinero por sobre todas las cosas. Si apuntas tu arco hacia una carrera o una profesión, tus hijos se dispararán en esa dirección. Pretender que tu hijo sea fiel en la iglesia cuando tú no apuntas con tu arco hacia ese lugar es ilógico.

Sé que muchos padres se desloman trabajando para que sus hijos no vivan las necesidades que ellos pasaron. Entonces les dan todo lo que necesitan y más, pero no les enseñan a dar, y el que no sabe dar tampoco sabe cosechar, así que siempre vive con lo justo. Si el niño nunca vio que el arco de su mamá apuntaba a dar y ser una persona sembradora, él no sabrá hacerlo.

Mis hijos saben y aprenden que tienen que dar, que es necesario sembrar para poder cosechar. Como papá puedo comprarles sin que ellos tengan que sembrar, pero quiero apuntar mi arco en esa dirección para que aprendan y puedan educar a sus propios hijos. Deseo ser un sembrador. Mis hijos serán hombres y mujeres prósperos si apunto bien mi arco. No puedo pretender que ellos sean mejores que yo si soy un miserable. Tus acciones gritan más fuerte que tus enseñanzas. Las flechas irán dirigidas hacia donde tú empieces a apuntar.

Papá, mamá, hazte un favor: por nada del mundo permitas que te despojen de tu ojo derecho.

CAPÍTULO 9

LA SEDUCCIÓN DEL PODER

Un hombre que se halla sobre un globo aerostático, el cual flota a unos treinta centímetros del suelo, está perdido en una esquina de la ciudad. Pasa un transeúnte y le pregunta:

—Perdón, le prometí a unos amigos que estaría con ellos en media hora y resulta que mi globo ha perdido altura y no sé en qué lugar me encuentro. ¿Podría decirme exactamente dónde estoy?

—Por supuesto —responde el peatón— usted se encuentra a treinta centímetros del suelo, a unos setenta grados del meridiano ecuatoriano y a no más de unos cien metros por encima del nivel del mar, con vientos soplando desde el oeste a una velocidad de setenta y cinco kilómetros por hora.

—¿Usted por casualidad no será un egresado del seminario bíblico y algún flamante pastor de una iglesia local? —pregunta el del globo.

—¡Así es! ¿Cómo se dio cuenta?

—Fácil. Me dio un montón de información inútil que no es más que pura teoría, la cual no sirve absolutamente para nada y se nota que no tiene nada de práctica. Por ser usted tan necio ahora voy a llegar tarde a mi compromiso.

—¿Y usted por casualidad no será un apóstol? —pregunta el peatón.

—¡Así es! —responde el del globo orgulloso—. ¿Cómo se dio cuenta?

—Por varias razones obvias. Número uno, prometió (o profetizó, que en su caso es casi lo mismo) algo que ya no va a poder cumplir. Número dos, está desorientado, pero siente que se encuentra en un nivel superior al mío solo porque se halla subido a su propio globo de gas. Número tres, está tan perdido como antes de preguntarme... ¡pero ahora resulta que la culpa es mía!

Esta compilación merecía esta anécdota y este capítulo del libro Asuntos internos, espero que lo disfrutes tanto como yo al escribirlo.

La anécdota anterior me pareció una historia divertida que alguna vez escuché, así que me tomé el atrevimiento de hacer mi propia versión libre, adaptándola a nuestro ámbito. Vale la aclaración de que no tengo nada en contra de los apóstoles, ya que comprendo que forman parte de los cinco ministerios bíblicos y son tan contemporáneos como los pastores, maestros, evangelistas o profetas. Solo se trata de una humorada para abrirnos paso a este capítulo. Si estás pensando que «no todos son iguales», estoy totalmente de acuerdo, pero es justo de una generalización de donde nacen los grandes chistes.

He tenido la oportunidad de viajar a España en muchas oportunidades y he descubierto que los españoles son unas de las personas más cultas del mundo, la mayoría de los ciudadanos lee libros en los subterráneos, los autobuses, y aun en las plazas. Los debates televisivos de la madre patria son realmente un desafío a la inteligencia y es muy extraño ver a alguien hablando incorrectamente. Sin embargo, nos hemos pasado la vida contando el último chiste de gallegos, suponiendo que los gallegos son «todos esos españoles incultos que hablan con la z». No obstante, si no hubiera una generalización, tampoco habría chiste.

Lo mismo sucede con las historias que se cuentan acerca de los argentinos, los turcos, los judíos o las suegras, pero es una pizca de verdad la que ayuda a construir las bases de un chiste.

En otras palabras, no todos los argentinos son fanfarrones, es verdad, pero no es menos cierto que muchos compatriotas míos se han ocupado de regar la fama de que «Dios está en todos lados, pero su oficina se encuentra en Buenos Aires». Y tampoco es menos cierto que luego de la Segunda Guerra Mundial muchos españoles agricultores, la mayoría sin siquiera haber pasado por la escuela primaria, tuvieron que emigrar hacia nuestra América, siendo ellos los que representaron a su España natal por aquellos años.

Lo que intento decir es esto: si el solo hecho de leer el chiste del apóstol sobre el globo aerostático hizo que por lo menos te sonrieras, eso arroja varios datos interesantes. En primer lugar, es obvio que hay una pizca de verdad, aunque posiblemente se trata de una mala generalización (puesto que siempre hay muy buenas excepciones), y en segundo lugar, es muy posible que hayas asentido con la cabeza y pensado: «Es cierto». O sea, el tema ya está instalado en nuestro subconsciente, de otro modo el chiste no tendría sentido.

Por lo tanto, una simple historia cómica nos lleva a la conclusión de que hay algo que estamos interpretando mal con respecto a ciertos reinados «feudales» de nuestras congregaciones, y no es casualidad que para muchos la palabra «apóstol» signifique una acumulación de poder, la cual nada tiene que ver con el verdadero apostolado, que por cierto y gracias a Dios muchos ejercen de una forma extraordinaria, comprendiendo lo que realmente significa este ministerio.

Aunque este no es el tema del capítulo, vale decir que el ministerio del apóstol, por su importancia estratégica, ocupa un lugar prominente entre los demás. Aparece generalmente encabezando las listas en que se menciona, tal vez por la autoridad espiritual que representa, y estoy convencido de que el don apostólico está vigente en la actualidad. El apóstol es alguien enviado con un mensaje, que establece una iglesia, ejerce autoridad y cumple el ministerio de restauración de pastores e iglesias. Alguien dio una vez una buena definición del don apostólico: «Es la capacidad espiritual sobre creyentes e iglesias que reconocen dicha autoridad de manera voluntaria».

Predicólicos, la adicción legal

Todos los que ejercemos cierto grado de liderazgo tenemos la enorme responsabilidad de ver cómo administramos esa influencia que el Señor nos permite tener sobre determinadas personas. No es la gente la que tiene que aprender a ubicarse en su rol de ovejas, sino nosotros los que tenemos que comprender hasta dónde llega nuestro rol de pastores. Y cuando hablo de «pastores» me refiero a cualquier tipo de liderazgo en el que esté involucrada gente que de algún modo está bajo nuestra cobertura. Ya no me refiero solo a los apóstoles, sino a cualquier ministerio que otorga influencia sobre los demás.

Mike Yaconelli una vez definió a los líderes como «predicólicos», haciendo un acertado diagnóstico de cómo funciona esta relación entre líderes y liderados:

> A la gente le encanta los predicólicos. Existe una demanda de predicadores, un mercado insaciable por comunicadores; existen oportunidades sin límite. No es fácil comunicarse con esta generación, así que los que sí pueden hacerlo tienen mucha demanda para conferencias, campamentos, retiros y festivales. Los predicadores pueden encontrarse con sus agendas llenas dos o tres años por adelantado [...] Predicar no es un ministerio; es un narcótico, una adicción. Es una seducción más fuerte que el sexo. Predicar está enredado con nuestros egos. Predicar ejerce el control. Predicar es peligroso. Predicar crea una ilusión de necesidad, poder, control. Los predicadores son tratados como personas un poquito más especiales que otras. Reciben honorarios, hospedaje privado y todos los gastos pagados. Aun dentro del mundo de la iglesia cristiana, los predicadores desarrollan un seguimiento y experimentan de cierta manera una pequeña fama. La fama es siempre peligrosa. La fama siempre es destructiva. La fama aísla a los predicadores y los convence de que son importantes y fundamentales. La fama seduce a los predicadores para creer en

> su propio comunicado de prensa. Predicar contamina a todo predicador. Y no hay excepciones. Ningún predicador deja el mundo de la predicación ileso. Ninguno. De hecho, la única manera en que un predicador puede escapar de las consecuencias negativas de predicar es dejando de hacerlo. No existe otra forma. Predicar es una prisión de máxima seguridad de la cual no hay escapatoria. Predicar es una droga más peligrosa que la heroína, porque nadie trata de detener tu adicción; de hecho, la apoyan. «Sé que estás ocupado, ¿pero no existe alguna manera en la que puedas incluirnos en tu agenda?». «Oye, no queremos que dejes a tu familia, vamos a pagar los gastos para que ellos también vengan».
>
> ¿Y qué hay con los efectos secundarios? Los predicadores viven con el terror de pensar que algún día nadie los invite a predicar. Los predicadores se quejan y gimen de su horario tan exhaustivo, mientras encuentran una manera de hacer un compromiso más para predicar. Los predicadores no tienen fuerza de voluntad, ni la capacidad de discernir. Aceptan todas y cada una de las invitaciones sin importar el precio que todos a su alrededor pagan.

Es obvio que como todo adelantado, Mike fuera tan criticado y rechazado por ciertos círculos eclesiásticos como suele suceder con aquellos que son frontalmente sinceros y ofrecen una descarnada crónica de la realidad.

No estoy diciendo, como tampoco lo hacía Mike, que todos los predicadores son adictos a la aprobación, pero no podemos dejar de ver que muchas veces se intenta construir un ministerio en base a una agenda, cuando debería ser exactamente al revés.

Resulta cierto que toda personalidad es proclive a liderar, también se inclina hacia un activismo productivo, pero es allí donde justamente se encuentra uno de los más sutiles peligros. Es imposible que el líder que se aísla y vive en medio de una vorágine de activismo pueda encontrar espacios para renovar su mente y sus emociones.

Como dijo una vez un conocido autor: «El activismo vulnera aún más nuestra ya vulnerable humanidad y nos lleva a lidiar con la vanidad. Si una mente desocupada es el taller de Satanás, una mente extenuada constituye la usina del demonio».

¡Nadie toque al ungido!

Es altamente seductor para nuestro ego cuando luego de predicar o realizar un evento en el que fuimos efectivos, cosechamos los aplausos o las felicitaciones de las personas que fueron afectadas positivamente. El peligro surge cuando nuestro ministerio comienza a tomar tal magnitud que nos coloca en un sitial inalcanzable donde nadie jamás volverá a atreverse a criticarnos o disentir, porque somos «los siervos de Dios» con el teléfono rojo del cielo, recibiendo órdenes directas del Padre que resultan incuestionables para el resto y no están sujetas a ningún tipo de debate o discusión, ni siquiera por parte de nuestro entorno más íntimo (que a estas alturas posiblemente esté conformado por nuestros empleados, lo cuales no están dispuestos a poner sus puestos de trabajo en peligro).

Lo realmente trágico es que la soberbia está a un escalón de la autoridad, y en ocasiones los líderes suelen transformarse en personas intransigentes que ya no están dispuestas a escuchar los consejos de nadie.

Muchos, cuando piensan en el liderazgo, erróneamente lo hacen en términos de poder. Voltaire supo decir: «La pasión de dominar es la más terrible de todas las enfermedades del espíritu humano».

Recuerdo que hace muchos años salió a la luz pública la doble moral de un popular predicador y resultó que la mayoría de sus colaboradores y empleados lo sabían desde hacía tiempo. Cuando un periodista le preguntó a su asistente personal acerca del porqué de su silencio cómplice, sonrió a la cámara y respondió: «Es que nadie quería matar a la gallina de los huevos de oro». En otras palabras, todos sabían sobre el pecado de su líder, pero el conflicto de intereses y la necesidad de cobrar el salario fueron la mezcla perfecta que los hizo permanecer callados. Para muchos es muy fácil ser un Natán que señala con el dedo al adúltero David, siempre y cuando no pertenezca a su plantel de empleados y luego pueda salir del palacio a continuar con su vida sin grandes contratiempos.

En otras ocasiones no se trata necesariamente de pecados ocultos que haya que denunciar, pero el líder comienza a manejarse con una impunidad similar a la de algunos dictadores que han aparecido a lo largo de la historia en nuestros países latinos, solo que en vez de la nación, manejan su ministerio totalmente a su capricho y antojo, sin rendirle cuentas absolutamente a nadie, ya que nadie puede estar por encima del apóstol.

Y si otros apóstoles colegas quisieran intervenir de algún modo, se resuelve de manera expeditiva escalando al nivel de «obispo», que comparado con el catolicismo es casi una posición papal donde goza de infalibilidad en todo lo que haga o diga y sus decisiones son incuestionables para cualquier otro mortal.

Es obvio que creo en la sujeción pastoral y estoy convencido de que no hay otra manera de crecer saludablemente en todos los órdenes de la vida espiritual si no es bajo autoridad. Sin embargo, una cosa es la autoridad espiritual delegada por el Señor a quienes respetamos y honramos, y otra muy distinta la autoridad que linda con la manipulación o la soberbia que emerge de la vanidad.

Por cierto, el término «vanidad» aparece setenta y cinco veces en la Biblia. Su uso es mayoritario en el libro de Eclesiastés (veintiocho veces), seguido por Salmos (diez veces). Otros libros como Isaías y Jeremías empatan con ocho registros de esta palabra. En Salmos, «vanidad» se usa como un adjetivo de la naturaleza humana pasajera, mortal, perecedera y débil.

Me viene a la mente la escena final de la película *El abogado del diablo* protagonizada por Al Pacino, quien interpreta al mismo Lucifer. Cuando parece que su víctima ha logrado escapar de sus tentaciones, él se las ingenia para volver a seducirlo y mirando a la cámara dice con una sonrisa y un guiño de ojos: «Vanidad... definitivamente mi pecado favorito».

Que parezca un accidente

En el tratado del siglo dieciséis titulado *El príncipe*, el filósofo Nicolás Maquiavelo abogó por la monarquía absoluta. Y se hacía una pregunta. ¿Es mejor tener una relación fundada sobre la base del amor o sobre la base del miedo? Llegó a la conclusión de que lo mejor era tener ambas, pero cuando esto no resultaba posible, consideraba que era preferible basarse en el miedo, pues los que se encuentran dentro de esa relación saben que les va a costar algo salir de la misma. El poder basado en el amor, decía Maquiavelo, tiende a tener poca duración, ya que el seguidor no tiene miedo a las represalias.

En otras palabras, estaba exponiendo un principio por el cual se rigen muchos líderes en la actualidad. En realidad, Jesús nunca recurrió a la explotación del miedo.

Recuerdo a un líder muy conocido al cual en varios círculos sus colegas le decían el «Padrino». Se había ganado ese apodo debido a su carácter de intocable, porque jamás se reunía con sus pares, siempre estaba rodeado de una docena de guardaespaldas, y los demás pastores de la ciudad afirmaban que «convenía tenerlo de amigo y nunca en la vereda de enfrente». Sus propios líderes no podían tomar ni la más mínima decisión personal sin que el «Padrino» en cuestión diera su consentimiento: desde entablar una relación de noviazgo hasta casarse, mudarse de casa o cambiar de empleo. Y si no era con él mismo, estaban obligados a consultarlo todo con «su líder inmediato», que a la vez reportaba a la cabeza principal del ministerio.

Quizá el sistema le funcionaba (de hecho, no se trataba de una iglesia pequeña), pero me sorprendía el miedo (no era un temor reverente que surge por el respeto, sino un pánico atroz) que todos le tenían al apóstol principal.

Por cierto, en mi programa radial solía hacer una parodia con respecto a esto, donde el personaje principal se llamaba justamente «El padrino nuestro». Cierta vez su asistente le daba el reporte acerca de uno de sus miembros:

—Apóstol, tengo que reportarle que el hermano Alfonso hace dos reuniones que no asiste a la célula.

—Hmmm... no nos va a quedar otra opción que hacerle una oferta que no va a poder rechazar. Lo vamos a tener que suspender.

—¿Lo suspendemos del liderazgo?

—¡No, lo vamos a suspender de una cuerda!

Causa gracia, pero es patético. Y no me escriban pidiéndome las grabaciones de la parodia, porque ya me ocupé de quemarlas personalmente.

El diario de Yrigoyen

Ninguno de nosotros está exento de caer en el gravísimo error de convertirnos en «predicólicos» y con el tiempo en dictadores de nuestro propio territorio.

El manejo del poder, el hecho de saber que miles de personas estarían dispuestas a hacer lo que digamos, sumado a tener resuelto el problema financiero de manera holgada, puede nublar la visión de algunos hombres de Dios que comenzaron humildemente, pidiendo la asistencia y la guía del Señor durante sus primeros pasos ministeriales.

Cuando nos toca estar frente a un público que ovaciona luego de cada declaración, celebra cada revelación y nos hace sentir infalibles, necesitamos estar extremadamente conectados al Espíritu Santo y en especial estar rodeados de personas que puedan aconsejarnos, apoyarnos y, llegado el caso, hasta estén autorizadas a darnos un tirón de orejas. Obviamente, los empleados no cuentan por razones obvias.

Cuando manejamos cierto grado de poder, tendemos a escuchar solo aquello que nos agrada y nos volvemos selectivos, aun con nuestro propio entorno o pares. ¿Cuántas veces hemos oído la frase: «Al pastor no le lleven problemas o malas noticias, solo palabras que lo bendigan, porque necesita estar concentrado»? El tema es que si está concentrado todo el día, ¿cuándo tendrá tiempo para pastorear y ver la realidad de las situaciones de sus ovejas?

En Argentina ocurrió un hecho muy particular durante el segundo mandato de un presidente llamado Hipólito Yrigoyen, allá por el año 1930. Como el mandatario había dado órdenes expresas de que no le dieran malas noticias, sus colaboradores decidieron imprimirle un periódico ficticio de un solo ejemplar en el que presidente solo pudiera leer buenas noticias. Allí lo colmaban de halagos y desde los titulares hasta las letras pequeñas hablaban de lo extraordinario de su gestión. Cientos de periodistas subvencionados por el estado trabajaban todos los días para imprimir un solo periódico que cada mañana se ocupaban de colocarle junto a su desayuno. Obviamente, aquella información no se correspondía con la realidad, por el contrario, el país estaba en llamas, la economía colapsaba, pero el presidente no se daba por enterado, ya que leía «un periódico diferente» al resto de la población.

Muchas veces estoy por subir a una plataforma, me encuentro a punto de predicar o de salir por televisión, y le pido a mi equipo que trate de evitarme las malas noticias o lo que puede restarme concentración. Sin embargo, una vez terminado mi trabajo puntual, es necesario y vital que me siente con ellos y discuta los problemas o las situaciones que pueden estar saliéndose de control o necesitan mi atención.

Mi equipo sabe que si ve algo que está apartándose de su tendencia habitual, quiero estar al tanto de ello a los pocos días u horas de que esto suceda. Y lo mismo si alguien nota que estoy alejándome de la visión, teniendo actitudes déspotas o groseras, o mostrándome irritable. Le doy gracias a Dios porque siempre hay personas (a las que no les pago un salario) que pueden llamarme y decirme: «Dante, notamos que algo está mal en ti, no sabemos qué es, pero nos tiene preocupados». No hay otra manera de evitar la soberbia en el ministerio, no podemos pasar por el reino sin rendirle cuentas a nadie o decir: «Yo solo respondo al Señor y mi familia».

Por esa misma razón, cuando la gente que me rodea me dice: «Todo está bien, todo anda sobre ruedas», suelo mirarlos a los ojos y preguntarles: «No me estás haciendo el diario de Yrigoyen, ¿verdad?», y en ocasiones comienzan a sonreír, cierran la puerta de la oficina y me cuentan lo que realmente está sucediendo.

A veces pienso en cuántos líderes actuales, en el caso de encontrarse con un Natán que los confronta cara a cara, acaso no lo echarían alegando que se atrevió a juzgar la integridad del pastor. ¿Cuántos de nosotros estaríamos dispuestos a reaccionar como el rey David y gritar: «¡Señor, no quites de mí tu Santo Espíritu!»?

David sabía las consecuencias de perder la unción, había sido testigo preferencial de la caída de Saúl, presenciando en primera fila cómo un ungido puede terminar endemoniado y atormentado por espíritus del infierno. Él había visto cómo alguien del cual el profeta Samuel se jactaba diciendo que «no había ninguno como él en toda la nación», tiempo después frecuentaba a las brujas esperando obtener una palabra de aliento para su futuro. Es por ello que David, aun en medio de su vida por momentos errática, supo mantener la sencillez de su corazón.

Y una aclaración necesaria: esto no es obligatoriamente un patrimonio exclusivo de las iglesias grandes o los ministerios que cuentan con más flujo de dinero. Hemos conocido muchos líderes de iglesias pequeñas que se manejan con la inmunidad de un diplomático gubernamental.

Una vez, un pastor amigo que ya está con el Señor me dijo: «El día que dejes de escuchar a otros, comenzarás a morir en tu propia necedad», y tal frase no es otra cosa que una paráfrasis del popular proverbio: «En la multitud de los consejeros está la sabiduría».

No te quedes solo, no te aísles. Estés al frente de treinta jóvenes o le prediques a cien mil en un estadio, rodéate de gente más espiritual que tú mismo. Siéntate a los pies de los que más saben, solo para escucharlos hablar. No dejes de leer y aprender de las experiencias de otros. Escucha los sermones de los demás. Ahora que estás en el llano, haz una lista de lo que nunca harías y contrata a alguien que te lo recuerde cuando te encuentres en las grandes ligas.

Y por sobre todas las cosas, cuídate de alguien muy peligroso y destructivo que ya ha demostrado que no es confiable y ha hecho fracasar a muchos consiervos. No lo escuches, no permitas que te critique ni te que halague, no tienes buenas referencias suyas para que puedas dignarte a oírlo.

No, no hablaba del diablo. Cuídate de ti mismo.

CAPÍTULO 10

DISCAPACITADOS ESPIRITUALES

Mi hermano mayor, a quien admiro profundamente, es un gran escritor y mejor predicador. Sergio Gebel fue quien nos llevó a Cristo allá por el año 1975, así que toda mi familia y yo tenemos una deuda eterna de gratitud con él. En diciembre del año 2013 le agradecí públicamente ante noventa mil personas que colmaban el Estadio River, más los millones que veían la transmisión por televisión vía satelital, pero aun así, sé que nunca me alcanzarán las palabras para honrarlo lo suficiente. Él ha escrito algunos libros que son joyas preciadas para quienes tenemos hambre de la Palabra de Dios. En uno de sus libros, escribió justamente un capítulo dedicado a las discapacidades espirituales. Me pareció tan extraordinario que lo llamé de inmediato y le solicité su permiso para transformarlo en uno de mis mensajes. Obviamente, con su generosidad de siempre, me dijo que se sentía honrado de que lo hiciera. Días después prediqué este mensaje en el Hilton de Anaheim y más tarde el mensaje fue televisado por la cadena Telemundo. Dios ha inspirado a Sergio a escribir este sermón y luego me dio la gracia de poder predicarlo. No podría incluirlo en esta selección sin darle el crédito a quien se lo merece. Si amas el ministerio y servir a Dios es tu pasión, sé que vas a disfrutar este capítulo y el Señor te hablará de un modo asombroso, como lo hizo conmigo.

A lo largo del Antiguo Testamento, durante miles de años de una cultura, una etnia y una raza diferente, Dios les pide determinadas cosas a sus sacerdotes. Probablemente para nosotros no tendrían sentido, porque no somos judíos, pero todo lo que está escrito en la Palabra tiene un significado, un propósito.

«Habla a Aarón y dile: ninguno de tus descendientes por sus generaciones, que tenga algún defecto, se acercará para ofrecer el pan de su Dios. Porque ningún varón en el cual haya defecto se acercará; varón ciego, o cojo, o mutilado, o sobrado, o varón que tenga quebradura de pie o rotura de mano, o jorobado, o enano, o que tenga nube en el ojo, o que tenga sarna, o empeine, o testículo magullado. Ningún varón de la descendencia del sacerdote Aarón, en el cual haya defecto, se acercará para ofrecer las ofrendas encendidas para Jehová. Hay defecto en él; no se acercará a ofrecer el pan de su Dios». (Levítico 21.17–21, RVR60)

El Señor dice que el sacerdote que se acerque para ofrecer las ofrendas encendidas a Dios no debe tener defecto. Por supuesto que no está discriminando, no se trata de eso. Entonces, ¿por qué Dios le pide a la casta sacerdotal tanta perfección? La razón es que ellos son quienes manipulan el pan de Dios, que es la Palabra, el evangelio, las buenas nuevas.

Al leer este texto, imaginamos que hace referencia únicamente a los pastores, a los sacerdotes, pero no es así, ya que frente a una multitud hambrienta, Jesús le dijo a sus discípulos: «Denles ustedes mismos de comer» (Marcos 6.37).

Constantemente el Señor nos anima a participar e involucrarnos en las acciones de fe. Y aunque Jesús resucitó a Lázaro, le pidió a quienes lo acompañaban que quitaran la piedra que estaba sobre el sepulcro y las vendas que ataban su cuerpo. Hay una tarea que nosotros tenemos que hacer. Este es el paso de fe y obediencia que antecede al milagro.

¿Podía Jesús haber sabido en su omnisciencia que arriba del techo de aquella casa estaban los cuatro amigos que querían ayudar al paralítico? ¿Podía haber evitado que rompieran el techo y bajaran ante él? Sin embargo, Jesús quiso que superaran el obstáculo y lo hicieran, sorprenderse con esa fe, perdonar los pecados del paralítico y sanarlo a partir de algo que ellos hicieron. Recordemos aquella mujer que tocó el borde de las vestiduras o el ciego que gritaba en medio de la multitud y pedía misericordia. Esta gente hizo algo diferente, aunque sea subirse a un árbol, pero fue un paso de fe que activó el milagro de Dios.

A veces creemos que el Espíritu Santo solo va a predicar el evangelio, pero no es así, la iglesia tiene que hacer esa tarea. Por lo tanto, si somos los encargados de llevarle el pan al hambriento, de atender a las viudas y los huérfanos, no puede haber en nosotros defecto alguno, debemos tener los mismos requerimientos que la casta sacerdotal.

El pasaje que mencionamos al comienzo enumera once defectos que no debe tener el sacerdote que sirva el pan: «Ninguno que sea ciego, cojo, mutilado, deforme, lisiado de pies o manos, jorobado o enano; o que tenga sarna o tiña, o cataratas en los ojos, o que haya sido castrado» (Levítico 21.18–20).

Ciego

Ningún varón ciego puede administrar el pan de Dios. La misión de Jesús fue «dar vista a los ciegos» (Lucas 4.18). Dios le habla a la iglesia de Laodisea: «Dices: "Soy rico; me he enriquecido y no me hace falta nada"; pero no te das cuenta de que el infeliz y miserable, el pobre, ciego y desnudo eres tú» (Apocalipsis 3.17). El mensaje para esta iglesia era: «Sé que son una iglesia bien ubicada, en un lugar estratégico, muy cómoda, muy linda pero aunque te dices: "Soy rica y de ninguna cosa tengo necesidad", desconoces que eres desventurada, miserable, pobre, ciega y desnuda».

Más adelante agrega: «Por eso te aconsejo que de mí compres oro refinado por el fuego, para que te hagas rico; ropas blancas para que te vistas y cubras tu vergonzosa desnudez; y colirio para que te lo pongas en los ojos y recobres la vista» (Apocalipsis 3.18).

Cuando la Biblia hace referencia a la ceguera, la compara con uno de los peores flagelos que puede padecer una persona, no importa si eres mecánico, pastor, veterinario o profeta. La peor de todas las discapacidades espirituales es carecer de vista espiritual. No de glaucoma, astigmatismo o cataratas, sino de ceguera espiritual.

Ojos que miran, hay muchos. Ojos que ven, hay muy pocos. Los ojos que pueden ver disciernen en el Espíritu. Quizás muchos no pueden percibir los carros de fuego y los ángeles peleando por ellos en lo alto de la montaña. Y como Giezi, no puedes ver que mayor es el que está contigo, el que pelea por ti, que el que está con tu enemigo. Dios quiere que tengas vista para ver lo que está escribiendo con su dedo en las paredes de las conciencias de los hombres. Cuando tenemos vista espiritual, podemos observar cómo brota agua de la piedra de la escasez.

El Espíritu Santo es más que un regalo para hablar en lenguas, es más que una experiencia mística, él te ayuda a escanear el corazón de la gente. Si realmente tienes al Espíritu Santo y tus ojos se abren, nadie jamás podrá estafarte. Y aunque no tengas abogados, hueles la estafa y dices: «No tengo paz, no voy a firmar».

Cuando el Espíritu Santo opera en ti, tus ojos se abren y como consecuencia nunca más pecarás a propósito, aunque la tentación aparezca atractiva y seductora. Verás una alarma roja que se detiene frente a ti y te advierte. Cuando alguien está ciego, no puede ver el peligro ni discernir los corazones.

La Palabra menciona a un profeta no muy conocido llamado Ahías: «En aquel tiempo se enfermó Abías hijo de Jeroboán, y éste le dijo a su esposa: "Disfrázate para que nadie se dé cuenta de que eres mi esposa. Luego vete a Siló, donde está Ahías, el profeta que me anunció que yo sería rey de este pueblo [...]" Así que la esposa de Jeroboán emprendió el viaje a Siló y fue a casa de Ahías. Debido a su edad, Ahías había perdido la vista y estaba ciego. Pero el SEÑOR le había dicho: "La esposa de Jeroboán, haciéndose pasar por otra, viene a pedirte información acerca de su hijo, que está enfermo. Quiero que le des tal y tal respuesta". Así que cuando Ahías oyó el sonido de sus pasos, se dirigió a la puerta y dijo: "Esposa de Jeroboán, ¿por qué te haces pasar por otra? Entra, que tengo malas noticias para ti"» (1 Reyes 14.1–2; 4–6).

Jeroboán le pidió a su esposa que fuera disfrazada a ver al profeta a fin de que no la reconociera y buscara una palabra para su hijo. Aunque el profeta Ahías no podía ver, porque sus ojos se habían oscurecido a causa de la vejez, Dios le advirtió que una mujer disfrazada vendría. Cuando el profeta ciego oyó los pasos de la mujer, le dijo: «¿Por qué finges ser otra? Tengo un duro mensaje para ti». Eso es tener ojos. Nunca puedes engañar a un hombre o a una mujer de Dios, nunca le puedes mentir, pues el Espíritu Santo le advierte.

Durante uno de mis viajes para participar en una cruzada, cuando llegué al aeropuerto y subí al automóvil, el Espíritu Santo me dijo: «El organizador de la cruzada está en pecado, te está mintiendo». Para ese momento no conocía quién organizaba la cruzada, nunca le había visto la cara, solo era un nombre para mí. Una vez que llegamos al vestíbulo del hotel donde nos hospedaríamos, conocí al muchacho que había organizado todo. Comenzó a contarme lo que estaba haciendo para la cruzada, mientras tanto el Espíritu Santo me seguía diciendo: «Te está mintiendo». Por primera vez, delante de todos los pastores presentes y el organizador, que también era un líder importante, dije con gran convicción:

—Perdóneme, pero el Espíritu Santo me indica que usted me está mintiendo. No tengo nada personal contra usted, pero el Espíritu Santo me lo está diciendo y no me deja en paz. Así que si no renuncia a la cruzada ahora mismo, esta noche no voy a predicar.

—No puede hacer eso, hay miles de personas esperando —señalaron los demás pastores.

—Les pido que comprendan lo que el Espíritu Santo me está diciendo —dije—. Yo no puedo permitir que este muchacho continúe a la cabeza estando en pecado, no sé qué ocurre, pero está mintiendo. Así que avísenme cuando ya no forme parte del personal, entonces yo predicaré esta noche, si no, tomaré el próximo avión y regresaré a mi ciudad.

Esa tarde los pastores se reunieron y el hombre confesó que había mentido y estafado, plagiando libros y algunos otros detalles sórdidos. Luego de eso, renunció. Finalmente esa noche prediqué en aquella cruzada y Dios se manifestó de un modo asombroso.

Ningún ciego, sin visión espiritual, podrá acceder al pan de vida. Necesitas ver para que no te estafen. Necesitas ver antes de casarte. Necesitas ver antes de comprar. Necesitas ver antes de vender. Necesitas ver antes de subirte a un automóvil, un avión o algo que pueda causar un accidente. Si tienes visión espiritual, el Señor podría decírtelo antes.

Cojo

Tampoco ofrecerá el pan el varón cojo. «Por tanto, renueven las fuerzas de sus manos cansadas y de sus rodillas debilitadas. "Hagan sendas derechas para sus pies", para que la pierna coja no se disloque sino que se sane» (Hebreos 12.12–13).

En las reservas naturales del norte de Argentina hay unos pequeños senderos angostos que llevan a las aldeas de los indígenas, por los cuales solo se puede caminar anteponiendo un pie al otro. Ningún cojo podría transitar por allí.

El evangelio es un camino tan angosto que a veces solo puedes caminar apoyando un pie. Y si tienes las rodillas paralizadas, será porque hace tiempo que no las doblas para clamarle al Señor, de modo que ya eres incapaz de caminar por un sendero angosto, no puedes poner un pie delante del otro.

¿Cuál es el secreto del crecimiento, la prosperidad, la bendición y la salud? Es uno de los más antiguos secretos que aprendí desde la escuela dominical: la oración. Esa sencilla y privada oración que haces en tu habitación, en tu sala. Recuerda que las rodillas paralizadas son las que no te permiten caminar por el sendero angosto.

Mutilado o deforme

Hubo alguien que nació con seis dedos en uno de los pies y literalmente no se podía calzar, no había zapato que le quedara bien, porque el sexto dedo le molestaba. También hay gente que nace con solo cuatro dedos en el pie y le cuesta mantener el equilibrio, el cual solo se logra con los cinco dedos.

El apóstol Pablo le escribió a la iglesia en Roma diciendo: «Por la gracia que se me ha dado, les digo a todos ustedes: Nadie tenga un concepto de sí más alto que el que debe tener, sino más bien piense de sí mismo con moderación, según la medida de fe que Dios le haya dado» (Romanos 12.3).

Conocer tus limitaciones es el principio de la sabiduría. Conocer en qué eres bueno también lo es. La Palabra dice que cada uno «piense de sí mismo con moderación», ni que te sobre, ni que te falte. Ni que tengas seis dedos en un pie, ni tampoco cuatro. Es decir, no tengas ni más alto ni más bajo concepto de ti mismo del que debes tener.

Tradicional y culturalmente me han enseñado que para ministrar tienes que sentir que eres como el barro, miserable, nada. Este es un concepto tan bajo de uno mismo que hace que se cierre el grifo de la unción.

Todos los que ministramos, los que servimos al Señor, tenemos una vida normal. Sacamos la basura. Ayudamos a las esposas a cambiarles los pañales a los bebés. A veces hasta hacemos la comida. En esa vida normal y natural me ha tocado ministrar con dolor de muelas, cansancio y descompostura. Hasta he tenido que predicar después de haber discutido con mi esposa o haberme enojado con alguno de mis hijos. También he tenido que ministrar preocupado por los problemas económicos, debido a una demanda que me habían presentado. Sin embargo, tuve que salir, sonreír, ministrar, y la gloria de Dios se movió de manera increíble. He pasado mutilado a ministrar. Entonces le preguntaba a Dios: «Señor, ¿cómo puede ser? Estoy en mi peor momento». Y Dios me respondía: «¿Cuándo fue que creíste que esto se trata de ti? Si tengo que depender de tu animosidad para bendecir, nada haría. Haz lo que te llamé a hacer y yo voy a bendecir a mi pueblo».

Si te sientes motivado a orar por alguien, no esperes primero a solucionar tus problemas, Dios dice: «¿Quién te crees que eres para cerrar el grifo de la unción solo porque tú tienes problemas? ¿Quién eres para impedir mi unción? Traje a mi pueblo aquí porque va a beber de mi Santo Espíritu, tengas ganas o no, te duela o no, te sientas bien o no». Eso es el profesionalismo bien entendido, espiritualmente hablando. Si no eres bueno, pídele a Dios su gracia, pero nunca dejes sin bendecir a alguien a causa de cómo te sientes, en todo caso, lo arreglarás después con él en la intimidad. Y el orgullo es tan pecado como la baja autoestima. De modo que si tu autoestima está demasiado alta, redúcela hasta donde sea necesario. Ya sabes, ni mutilado, ni deforme.

Lisiado de los pies

Debes recordar que la Palabra dice: «No permitirá que tu pie resbale; jamás duerme el que te cuida» (Salmos 121.3).También agrega: «Él guiará los pasos de sus fieles» (1 Samuel 2.9). Ya no hablamos de piernas o rodillas paralizadas, sino del pie.

Para la consagración sacerdotal, Moisés tenía una ordenanza muy singular de parte de Dios, él debía tomar la sangre de un carnero y ponerla sobre el lóbulo derecho de la oreja de Aarón y sus hijos. Lo mismo debía hacer sobre el dedo pulgar tanto de su mano derecha como de su pie derecho. Los oídos del sacerdote debían estar consagrados para oír con justicia y equidad. Los dedos tenían que ser consagrados porque esto tipificaba las manos y los pies puros y santos. Pablo le diría años más tarde a la iglesia de Éfeso: «Manténganse firmes [...] calzados con la disposición de proclamar el evangelio de la paz» (Efesios 6.15). «¡Qué hermoso es recibir al mensajero que trae buenas nuevas!», declara Romanos 10.15.

El que tiene el pie quebrado no se puede calzar con el apresto del evangelio de la paz. Tal vez pueda usar la armadura, la coraza, la cota, pero cuando se tiene que poner el calzado del evangelio, no puede.

El pie quebrado tipifica a los cristianos que vienen a la iglesia, reciben, engordan, pero nunca caminan, nunca ministran, nunca van, nunca avanzan, están paralizados.

Conozco iglesias enteras con congregaciones lisiadas de su pie. Ellos no son cristianos ni congregantes, sino público. No avanzan, no caminan, están paralizados. Los pies descienden a la muerte, son pasos que conducen al sepulcro. Los cristianos que no testifican, no avanzan, no afectan, no caminan, no conquistan territorios, son cristianos paralizados con el pie quebrado. Ningún sacerdote podía tener el pie quebrado, de lo contrario, no podría caminar por las naciones y se transformaría en el típico creyente que trabaja veinte años en la misma oficina y nadie se enteró de que era cristiano. Si visitara tu ámbito de actividad y preguntara sobre ti, ¿sabrían que eres cristiano?

Lisiado de las manos

Las manos son las que ayudan y sirven a los demás, las que sostienen, y sobre todo las que adoran. El salmista dijo: «Oye mi voz suplicante cuando a ti acudo en busca de ayuda, cuando tiendo los brazos hacia tu lugar santísimo» (Salmos 28.2).

Me ha tocado estar en sitios donde hay manos que no se levantan en la adoración. Hay quienes vienen a las reuniones con sus manos pesadas como si sostuvieran adoquines. Sus manos están rotas y nunca podrán adorar si antes no sirven, si no tocaron al enfermo, si nunca se dispusieron a ayudar. Los cristianos de manos rotas son los que nunca colaboran, los que nunca hacen nada, solo critican a los que hacen. No puedo orar por quien no diezma y pedir que Dios lo prospere, porque tiene la mano rota para dar. Son como un címbalo que retiñe, algo que suena, pero que finalmente no produce música. Dios no usará gente con manos rotas.

Jorobado

La joroba es un estigma que tiene que ver con los lomos. Una espalda recta simboliza la fortaleza de un hombre. ¿Recuerdan la historia de la mujer que por causa de un demonio estuvo dieciocho años encorvada y de ningún modo podía enderezarse? Cuando Jesús la vio, la llamó y le dijo: «Mujer, quedas libre de tu enfermedad». El encorvado nunca puede andar erguido. No puede mirarte a los ojos, de igual a igual.

El apóstol le dijo a la iglesia en Éfeso: «Estad, pues, firmes, ceñidos vuestros lomos con la verdad, y vestidos con la coraza de justicia, y calzados los pies con el apresto del evangelio de la paz» (Efesios 6.14–15, RVR60). Por lo general, cuando estás encorvado, la espalda te queda descubierta, así que no puedes pararte derecho ni ceñir tus lomos.

San Francisco de Asís decía: «Trata de predicar siempre, y solo si te es muy necesario usa la boca». Predica con tu espalda, con tu testimonio. La espalda es lo que la gente ve cuando te estás yendo. ¿Qué podrían decir de ti cuando te levantas de una cena familiar? ¿Qué pensarán de tu comportamiento en la mesa? ¿Y de tus bromas, lo que comentaste o tus chismes? No me refiero a lo que dicen delante de ti, sino a lo que comentan cuando ya no estás con ellos. Porque eso es lo que eres. Siempre que me miro al espejo estoy bien peinado porque me miro de frente, nunca me veo de espalda, y quizás tenga el cabello despeinado.

La espalda es el testimonio. El que anda encorvado no puede cubrirse los lomos, no puede cubrir su testimonio. Ha sembrado su camino con mentiras y su testimonio no es íntegro ni bueno.

Enano

El enanismo es un síndrome de nacimiento que impide el crecimiento del niño, pero lo sorprendente es que no afecta la cabeza, que crece de tamaño normal aunque el cuerpo no la acompañe en proporción. El apóstol le dice a la iglesia de Corinto: «Por lo tanto, mis queridos hermanos, manténganse firmes e inconmovibles, progresando *siempre* en la obra del Señor, conscientes de que su trabajo en el Señor no es en vano» (1 Corintios 15.58, énfasis añadido). Me llama la atención la palabra «siempre».

El ser humano llega a un punto de su vida en que ya no crece más. A determinada edad de la adolescencia da un estirón y crece. Luego de unos años aumenta unos centímetros más, y finalmente ese crecimiento se detiene. Sin embargo, en lo que respecta a la vida espiritual, el Señor dice: «Crece siempre». Uno nunca deja de crecer espiritualmente. Hoy soy más grande que ayer y mucho más enano que mañana.

En determinadas congregaciones solemos ver que la cabeza crecer normal, pero el cuerpo no. ¿Has conocido iglesias con dieciocho pastores, treinta y cuatro ancianos, setenta y dos diáconos y veinte miembros?

Un cuerpo en crecimiento tiene que tener una cabeza proporcional. A eso se le llama normalidad. Dios dice: «Esfuérzate por presentarte a Dios aprobado, como obrero que no tiene de qué avergonzarse y que interpreta rectamente la palabra de verdad» (2 Timoteo 2.15).

Ser aprobado significa que estoy creciendo. Como obrero del Señor quiero mejorar, crecer más.

Sarna o tiña

Cuando la Palabra se refiere a esta enfermedad, habla de las dolencias de la piel. La sarna fue la sexta plaga de Egipto en la disputa del faraón con Moisés. La sarna es una enfermedad cutánea que consiste en vesículas o pústulas causadas por un ácaro, un parásito. La sarna tiene la particularidad de que pica los primeros días y luego insensibiliza la piel, le cambia el color, y ya no sientes nada más. Te pueden quemar y no te das cuenta. El Señor dijo que Dios no puede usar al sarnoso que pierde la sensibilidad, al ministro que pierde el temor de Dios.

El día que no te estremezcas durante un mensaje fuerte y confrontador, sino estés mirando la hora de irte a tu casa, has perdido la sensibilidad.

Cataratas en los ojos

Dios no acepta que sirva el pan alguien que no tiene una visión nítida. No se refiere al ciego, sino al que ve distorsionado. «El hombre alzó los ojos y dijo: "Veo gente; parecen árboles que caminan"» (Marcos 8.24). Este hombre necesitaba una segunda intervención de Jesús, pues tenía ojos, pero no veía.

Los visionarios no son los que ven ángeles y arcángeles, sino aquellos que ven la necesidad por encima de los dragones vivientes. El visionario es el que dice: «Me di cuenta de que acá falta algo, ¿puedo ayudar?». Ser espiritual es limpiar el baño de alguien. Ser espiritual es ir a un geriátrico a escuchar a un abuelo contar su historia mil veces. Ser espiritual es cocinar para alguien que no puede. Ser visionario no es solamente soñar con multitudes, estadios y programas televisivos, sino también ayudar al pobre.

El Señor dice: «Hasta me reclaman: "¿Para qué ayunamos, si no lo tomas en cuenta? ¿Para qué nos afligimos, si tú no lo notas?" [...] El ayuno que he escogido, ¿no es más bien romper las cadenas de injusticia y desatar las correas del yugo, poner en libertad a los oprimidos y romper toda atadura? ¿No es acaso el ayuno compartir tu pan con el hambriento y dar refugio a los pobres sin techo, vestir al desnudo y no dejar de lado a tus semejantes?» (Isaías 58.3, 6–7). Eso es el verdadero servicio, eso es lo que hace un visionario.

Amo tener gente en mi iglesia que dice: «Pastor me di cuenta de que el domingo pasado había unas sillitas vacías por allá, yo no puedo soportar eso. La próxima vez vendré con gente nueva, necesitada de Dios». El verdadero ayuno tiene que ver con cosas prácticas, con actitudes cotidianas.

Cuando la esposa de mi hermano mayor enfermó gravemente, no podía hacerse cargo de la casa, así que mi hermano debió hacerlo.

El diagnóstico era depresión con síntomas físicos que le impedían movilizarse con normalidad. Sergio tuvo que hacerse cargo de su esposa, los niños, la casa y, además, la iglesia que pastoreaba. La carga era tan pesada que consideró abandonar el ministerio. Él tenía que lavar, cocinar, atender a los niños y enviarlos al colegio. Muchos profetas llegaron a la casa de mi hermano para decirle: «Sergio, esta enfermedad es resultado de que usted está en pecado y su esposa también, arrepiéntanse». Por supuesto, eso no era así. Del mismo modo, venían otros a ungirlo con aceite a él y su casa, y reprendían demonios, hasta que un día decidió correrlos a todos. Pocos días después llegaron tres hermanas de una congregación que no conocía y le preguntaron: «¿Usted es el pastor Sergio Gebel? Tenemos algo de Dios para usted. Muéstrenos dónde está el lavadero y la plancha, dónde está la cocina y la ropa sucia». Estas mujeres comenzaron a trabajar. Una fue para la cocina, otra para el patio, y la última limpió la casa. Al final del día, muy tarde, le dijeron a mi hermano: «Pastor, despídanos con una oración». Mi hermano hoy cuenta que nunca más volvió a ver a estas mujeres. Aún cree que fueron ángeles del Señor enviados a socorrerlo. Han pasado veinte años y todavía recuerda a esas tres mujeres visionarias sin nubes en los ojos, que no venían a decir: «Esto dice Jehová», sino: «Esto me dice Jehová que haga por usted».

Castrado

Mi hermano me suele contar que en el sur de la Argentina, en las zonas rurales, colocan un pequeño cepo sobre el escroto de los becerros y luego le pegan con un mazo, de modo que puedan atrofiar los conductos espermáticos y así castrar a la bestia. De esta manera crecen para transformarse en bueyes de trabajo, les resulta imposible reproducirse, evitan los parásitos y engordan aún más.

Cuando la Biblia habla de mutilado, castrado o testículo magullado se refiere a la esterilidad, que es una descalificación para la tarea sacerdotal. Si no tienes hijos espirituales no mereces llamarte sacerdote. En el antiguo Israel, la esterilidad era una carga para las mujeres. «Dame hijos o me muero», le dijo Raquel a Jacob. Esa debería ser la oración de toda la iglesia: «Señor, dame hijos o me muero». Haz una reflexión en tu interior y piensa, ¿cuántos hijos propios, espiritualmente hablando, tienes? No me refiero a aquellas personas que invitaste a la iglesia y después dejaste que el pastor se las arreglara con ellas. Pienso en esos bebés espirituales que tuviste que cuidar, como uno hace con sus hijos naturales. Atravesar el embarazo, el parto y toda la crianza no es tarea del pastor, sino de la iglesia. ¿Cuántos hijos has parido? ¿O eres estéril y castrado? Mi hijo será mío pase lo que pase, y dirá: «Él me enseñó, me discipuló, me encaminó, me abrió los ojos a lo que yo no sabía». A ese hijo puedo retarlo, instruirlo, no abusar de él ni provocarlo a ira, pero sí corregirlo.

Quiero tener hijos propios, porque la esterilidad no califica para el sacerdote. Pablo dijo: «En efecto, mi propósito ha sido predicar el evangelio donde Cristo no sea conocido, para no edificar sobre fundamento ajeno» (Romanos 15.20).

Dios dice: «Ve a buscar a la gente que nunca escuchó de Cristo». Tienes que hacer que nazca, estar allí cuando reciba el bautismo del Espíritu Santo por primera vez y luego decir: «Señor, este es un hijo que te he entregado».

Real sacerdote

Nadie con defecto puede presentarse a ofrecer el pan de su Dios. El Señor no lo acepta viniendo de un ministro, sacerdote o líder de la iglesia. Hoy, a través de los años, no ha cambiado su requerimiento, y yo no quiero ser descalificado por alguno o todos estos defectos. Deseo presentarme como un sacerdote puro para darle de comer a la gente y ofrecerle el pan de vida. Quiero presentarme como obrero aprobado, ¿y tú? Para ello no debemos tener las manos ni los pies quebrados, tampoco las rodillas paralizadas. Nuestros ojos no deben estar cubiertos de nubes que impiden la visión clara. Ni podemos ser ciegos, estériles ni jorobados. Tu testimonio debe ser intachable.

«Pero ustedes son linaje escogido, real sacerdocio, nación santa, pueblo que pertenece a Dios, para que proclamen las obras maravillosas de aquel que los llamó de las tinieblas a su luz admirable». (1 Pedro 2.9)

Mientras escribía este capítulo, el Señor le habló directamente a mi corazón y tuve que pedirle perdón. Descubrí que en oportunidades ministré siendo ciego, sin saber lo que ocurría en la atmósfera espiritual. Oré: «Señor, perdóname por las veces que le prediqué a una nación y elegí una palabra al azar, o simplemente lo hice sin discernir la razón por la que me enviabas allí y acerca de qué querías que predicara».

Al igual que yo, pídele perdón al Señor por haber sido ciego y cojo, por las veces en que tus pies y tus manos estuvieron rotos, estuviste jorobado, tu testimonio no fue intachable, fuiste enano y tu cabeza crecía en teología y capacidad, pero no en carácter. O cuando anduviste por la vida con la nube en el ojo y no podías ver bien, o fuiste estéril y no tuviste hijos espirituales. Dios le pide a la casa pastoral la mayor perfección. ¿Cómo está tu vida ahora mismo?

CAPÍTULO 11

LA RED SOCIAL DE LOS CIELOS

Recuerdo que cierto día nos enteramos de que no teníamos disponible nuestro habitual auditorio en el Anaheim Convention Center para el servicio dominical y debíamos hacer nuestra reunión en alguna iglesia rentada. El pastor Daniel de León nos cedió su templo en Santa Ana y ese domingo por la tarde prediqué este inolvidable sermón. Esta bien podría ser la segunda parte o el complemento de aquel mensaje titulado: «Conexiones divinas» que fue incluido en Los mejores mensajes de Dante Gebel, *el libro que precede a este que tienes en tus manos. El mensaje es sencillo, pero no deja de asombrarnos el hecho de que todo está perfectamente conectado en los cielos y solo hay que tener los ojos abiertos y estar atentos a las conexiones que se gestan durante la oración.*

Este mensaje está dedicado a aquellos que han estado orando y no tuvieron respuesta. Aquellos que sienten que el cielo se ha cerrado, que Dios guarda silencio. Personas preocupadas que dicen: «Estoy haciendo lo que se supone que debo hacer. Estoy clamando, orando, pidiendo, y sin embargo, los cielos no se abren. Siento que Dios no está actuando a mi favor». Esto causa cierta frustración, dolor. Esencialmente porque se preguntan: «¿Qué es lo que está mal en mi vida?».

Cuando una enfermedad toca el seno de nuestro hogar y por alguna razón Dios no interviene, uno se queda con esa duda. A partir de allí cuesta predicar, cuesta inclusive enseñar acerca de un Dios que entre otros muchos atributos también es sanador. Lo mismo ocurre con el tema financiero.

Cuando no hay respuesta, nos sentimos mal. Pensamos que nuestras oraciones son descartadas, pasadas por alto o no respondidas. Sin embargo, la Biblia dice: «Cada uno tenía un arpa y copas de oro llenas de incienso, que son las oraciones del pueblo de Dios» (Apocalipsis 5.8). Es posible que las oraciones no sean respondidas en el tiempo que nosotros pensábamos, pero no tienen fecha de vencimiento. Este texto nos da la pauta de que las oraciones siempre quedan en algún lado. Se van acumulando, pero no se pierden. En realidad, hay oraciones que nosotros olvidamos que hicimos y cuando viene la respuesta ni siquiera somos agradecidos, porque no nos acordamos que habíamos orado por eso. No obstante, Dios no olvida.

Es por eso que el Señor nos enseña a orar según su perfecta voluntad, a calibrar nuestro espíritu con él para que no oremos cosas de las cuales después nos tengamos que arrepentir, para que no oremos en la carne. Hay cosas que pedimos y hasta que no llegan no cambiamos de opinión, pero esas oraciones quedaron en copas de oro llenas de incienso hasta que un día Dios respondió.

Daniel había estado orando por tres semanas cuando el ángel le dijo: «No tengas miedo, Daniel. Tu petición fue escuchada desde el primer día en que te propusiste ganar entendimiento y humillarte ante tu Dios. En respuesta a ella estoy aquí» (Daniel 10.12). La oración de Daniel había sido escuchada desde el primer día. Sin embargo, él no lo sabía, hacía tres semanas que estaba orando y viendo que los cielos parecían de bronce. Si Daniel hubiera sido latinoamericano, habría dicho: «Podías haberme mandado una señal de que mi oración estaba en camino, ¿no?». No obstante, a veces hay un silencio que nos pone ansiosos. Nos preocupa. ¿Qué estamos haciendo mal? ¿Por qué no se abren los cielos?

Cuando oras, pones en movimiento algo en el mundo sobrenatural, aunque no seas capaz de discernirlo en lo natural. El Señor dice que en el ámbito sobrenatural ya ha ocurrido el milagro, aunque todavía no podamos discernirlo ni acallar muchas voces llenas de incredulidad, incluso la nuestra, a fin de poder entender tan siquiera un poco lo que ha sucedido en los cielos. Tenemos que comenzar a caminar en fe, sabiendo que esas oraciones indudablemente no quedarán sin fruto.

La red social en los cielos

Seguramente tú, como muchos otros, necesitas contactos. Debes saber que en el cielo hay un banco de datos donde están todos los contactos necesarios para tu problema, tu visión o tu sueño. Hay un lugar en el cielo donde están todas las conexiones divinas. Allí están todos los recursos que necesitas contactar, existe una inmensa red social de la cual debes formar parte.

Mardoqueo le dijo a Ester que si no hacía lo que tenía que hacer, otra persona sería levantada en su lugar. ¿Por qué permitirías que tu conexión fuese establecida por otra persona?

El Señor oye la oración de una niña de seis años que le ruega a un Dios que no conoce todavía que su padrastro no le haga daño esa noche. Dios escucha a una muchacha de catorce años a quien hacen prostituir y reza un Padre Nuestro porque no sabe orar. Dios escucha al borracho que llega tropezando a su casa y en medio de la borrachera clama: «Dios mío, ayúdame». Dios oye la oración de un drogadicto que antes de dormirse, motivado por las sustancias químicas que acaba de consumir o inyectarse, hace un último ruego y le dice: «Señor, si acaso existes, ten misericordia de mí».

Sin embargo, ¿a dónde van esas oraciones? ¿Con quién se contactan? Esas oraciones quedan en algún lugar, pero no hay nadie que ingrese con el *password*, reclame esa conexión y se conecte con esa necesidad. Es por eso que el Señor pregunta: «¿A quién enviaré?».

Si nosotros no nos conectamos en oración, puede que la necesidad permanezca allí. Podemos leer un periódico y enterarnos de que en Angola están muriendo de hambre, pero no nos conectamos, solamente decimos: «Hay que orar por esta gente de vez en cuando. Antes de decir "amén" me voy a acordar». No obstante, la carga por alguien o algo no surge al leer un periódico que solo te puede informar. La carga espiritual y emocional viene una vez que se establece una conexión espiritual, y esta abre los cielos cuando anteponemos el *password* correcto, que se llama «oración».

«El Rey les responderá: "Les aseguro que todo lo que hicieron por uno de mis hermanos, aun por el más pequeño, lo hicieron por mí"». (Mateo 25.40)

Muchos conocen la famosa *teoría de los seis grados de separación*. Esta dice que cualquier persona podría conectarse con otra en solo seis pasos, porque todo el mundo conoce a alguien, que conoce a alguien, que conoce a alguien... La teoría comenzó con un juego de tres estudiantes de Pensilvania, actores de reparto relacionados con Kevin Bacon. Ese fue el núcleo de la idea para las redes sociales.

Cuando la oración es egoísta y solo pide para sí, tiene un único curso y no se conecta con nada. Una iglesia que tiene esta misma actitud egoísta está condenada a morir, ya que tarde o temprano será como el Mar Muerto, que como no tiene brazos, está totalmente aislado y no vierte o comparte sus aguas con nadie más. Nada sobrevive allí. No tiene peces, no tiene vida, porque no se conecta con nada. El propósito de una iglesia siempre es promover la vida, conectarnos con la necesidad, con la gente, con las almas perdidas. Ese es el mensaje de la cruz. Cristo vino a morir por los perdidos, para que tengamos vida eterna y no condenación eterna.

Hay cinco clases de relaciones necesarias para completar tu misión en la tierra:

- Los mentores, que son los que te cambian.
- Los protegidos, que son los que te desafían como maestro.
- Los amigos, que son los que te confortan.

- Los enemigos, que son los que te promueven.
- Las conexiones, que son las que te unen y conectan para un propósito.

Pedro y Cornelio

La historia de Pedro y Cornelio, relatada en Hechos 10, es el ejemplo máximo de la red social del cielo. Se trata literalmente de una conexión a millas de distancia. Involucra a dos personas que vivían en dos espectros diferentes: uno era pescador y el otro un soldado italiano. Uno era judío y el otro gentil. Dos extraños, pero conocidos por el Espíritu de Dios. Ambos estaban acumulando oraciones. Y ninguno de los dos sabía que habrían de conocerse momentos después.

En Cesarea vivía un centurión llamado Cornelio, conocido como «el italiano», quien junto a toda su familia eran temerosos de Dios. Él realizaba muchas obras de beneficencia para el pueblo de Israel y oraba a Dios constantemente.

Un tarde Cornelio tuvo una visión. Vio claramente a un ángel de Dios que se le acercaba y le decía: «Dios ha recibido tus oraciones y tus obras de beneficencia como una ofrenda [...] Envía de inmediato a algunos hombres a Jope para que hagan venir a un tal Simón, apodado Pedro. Él se hospeda con Simón el curtidor, que tiene su casa junto al mar» (Hechos 10.4–6).

Después que el ángel que le había hablado se fue, Cornelio llamó a dos de sus siervos y a un soldado de los que le servían regularmente y los envió a Jope. La preocupación de Cornelio de que el evangelio fuera llevado a los gentiles hizo que el Señor armara este encuentro con un predicador judío que debía ir a buscar.

Mientras tanto, al otro lado de la ciudad, Pedro subía a orar a la azotea. «Era casi el mediodía. Tuvo hambre y quiso algo de comer. Mientras se lo preparaban, le sobrevino un éxtasis. Vio el cielo abierto y algo parecido a una gran sábana que, suspendida por las cuatro puntas, descendía hacia la tierra. En ella había toda clase de cuadrúpedos, como también reptiles y aves» (Hechos 10.9–12). Luego de la visión, Dios le dijo: «Levántate, Pedro; mata y come». Él le contestó que no quería hacerlo porque era comida inmunda, pero el Señor le dijo: «Lo que Dios ha purificado, tú no lo llames impuro».

Pedro no atinaba a explicarse cuál podría ser el significado de la visión. Mientras tanto, los hombres enviados por Cornelio, que estaban preguntando por la casa de Simón, se presentaron a la puerta. Dios estaba preparando a Pedro, anunciándole que los enviados del italiano Cornelio estaban por llegar. Quería que Pedro dispusiera su mente para recibir a los gentiles y aceptar lo que estaba ocurriendo con ellos. Jesús murió en la cruz no solo por los judíos, sino también extendió la salvación a los gentiles.

Mientras Pedro meditaba sobre la visión, el Espíritu le dijo: «Mira, Simón, tres hombres te buscan. Date prisa, baja y no dudes en ir con ellos, porque yo los he enviado» (Hechos 10.19–20). Para ese tiempo todavía no había conexión con los gentiles. Ese era el momento en que comenzaría el primer contacto basado en el avivamiento que Dios estaba llevando a cabo con los judíos y los gentiles también.

Dios unió a dos personas que no se conocían y estaban orando. Las oraciones de ambos convergieron en un sitio, en una copa de oro, como dice la Biblia. En ese momento los dos estaban usando el *password* correcto. Los dos se encontraban en el mismo ancho de banda e hicieron contacto en el cielo. Dios contacta a uno, luego al otro, y cuando los reúne, algo se produce.

Siempre oro y bendigo a mis hijos. Le pido al Señor que los conecte adecuadamente con la gente correcta, las amistades correctas, el cónyuge correcto. Aunque ahora son pequeños, estoy acumulando oraciones para hacer mi memorial.

Ananías y Saulo

Conocemos también la historia del joven Saulo, que observaba cómo apedreaban al primer mártir de la iglesia: Esteban. Ese incidente lo impulsó en su deseo de aplastar a esa peligrosa «secta» de seguidores de Jesús. En lugar de compadecerse de Esteban, perdonó a sus victimarios y se enardeció su odio para matar a los cristianos y erradicarlos de la faz de la tierra. Así fue que Saulo comenzó a ver a los cristianos como una plaga, y él era el exterminador. Pronto se transformaría en el primer Hitler de la historia que deseaba eliminar a los cristianos. «Mientras tanto, Saulo, respirando aún amenazas de muerte contra los discípulos del Señor, se presentó al sumo sacerdote» (Hechos 9.1). Saulo perseguía a la iglesia de Dios tratando de destruirla. Hasta que un día le pidió al sumo sacerdote ir a Damasco, una ciudad que quedaba a unos doscientos cuarenta kilómetros de Jerusalén, porque allí quería matar a los cristianos que encontrara. Sin embargo, he aquí lo que sucedió:

> En el viaje sucedió que, al acercarse a Damasco, una luz del cielo relampagueó de repente a su alrededor. Él cayó al suelo y oyó una voz que le decía:
> —Saulo, Saulo, ¿por qué me persigues?
> —¿Quién eres, Señor? —preguntó.
> —Yo soy Jesús, a quien tú persigues —le contestó la voz—. Levántate y entra en la ciudad, que allí se te dirá lo que tienes que hacer. (Hechos 9.3–6)

Cuando Saulo se levantó del suelo, estaba ciego, así que los hombres que viajaban con él tuvieron que tomarlo de la mano y llevarlo a Damasco. Durante tres días estuvo sin ver, en ayuno y oración. Oraba a un Dios que todavía no conocía bien, pero que sabía que era poderoso, ya que pudo derribarlo y dejarlo ciego. Nadie podía haber hecho eso con él, ni siquiera César, pero Dios lo hizo.

En esas primeras oraciones, Saulo envía la contraseña o el *password* para ingresar a la mayor red social que existe, la celestial. Tales plegarias tenían que conectarse con alguien que estaría usando la misma contraseña, la misma banda ancha en el mismo momento.

> Había en Damasco un discípulo llamado Ananías, a quien el Señor llamó en una visión.

—¡Ananías!

—Aquí estoy, Señor.

—Anda, ve a la casa de Judas, en la calle llamada Derecha, y pregunta por un tal Saulo de Tarso. Está orando, y ha visto en una visión a un hombre llamado Ananías, que entra y pone las manos sobre él para que recobre la vista. (Hechos 9.10–12)

Al igual que a Pedro y Cornelio, Dios le dio a Ananías los datos exactos para que se produjera el encuentro con Saulo. Cuando Dios habla es directo, puntual y específico. Ananías le recordó a Dios quién era Saulo, por si se había olvidado: «Señor, he oído hablar mucho de ese hombre y de todo el mal que ha causado a tus santos en Jerusalén. Y ahora lo tenemos aquí, autorizado por los jefes de los sacerdotes, para llevarse presos a todos los que invocan tu nombre» (Hechos 9.13–14). Pero el Señor respondió: «¡Ve! [...] porque ese hombre es mi instrumento escogido para dar a conocer mi nombre tanto a las naciones y a sus reyes como al pueblo de Israel. Yo le mostraré cuánto tendrá que padecer por mi nombre» (vv. 15–16). Saulo era un hombre apasionado, Dios solamente debía enfocarlo, ponerlo en el canal correcto y sería un instrumento para sus planes.

Los contactos habían sido hechos, las conexiones estaban dadas, solo faltaba el encuentro. «Ananías se fue y, cuando llegó a la casa, le impuso las manos a Saulo y le dijo: "Hermano Saulo, el Señor Jesús, que se te apareció en el camino, me ha enviado para que recobres la vista y seas lleno del Espíritu Santo". Al instante cayó de los ojos de Saulo algo como escamas, y recobró la vista. Se levantó y fue bautizado; y habiendo comido, recobró las fuerzas» (vv. 17–19).

Después de ese encuentro, Saulo pasó varios días con los discípulos y pronto se dedicó a predicar en las sinagogas, afirmando que Jesús es el Hijo de Dios. Saulo cobraba cada día más fuerza y los judíos escuchaban de su propia boca que Jesús era el Mesías. Poco tiempo después se transformaría en el apóstol Pablo y predicaría desde las colinas de Atenas, escribiría cartas desde las prisiones, engendraría una genealogía de teólogos y fundamentaría la doctrina de la iglesia en todo el mundo. Pablo fue el escritor de la mayor parte de los libros del Nuevo Testamento y se transformaría en el terror de Roma.

Dios inicia las conexiones

¿Con quién te querrá conectar Dios y no te estás conectando? ¿Te estarás perdiendo una conexión divina porque desconoces el *password* o la contraseña de la oración?

Hay gente que tiene los recursos que estás necesitando, la solución a tu dificultad. Cuando oras, Dios te situará en el lugar correcto, en el momento correcto, para recibir la bendición correcta. Los ministros son conexiones para hacer cambios. Los padres son conexiones para el crecimiento. Los jefes son conexiones para la provisión.

«Más valen dos que uno, porque obtienen más fruto de su esfuerzo. Si caen, el uno levanta al otro. ¡Ay del que cae y no tiene quien lo levante! Si dos se acuestan juntos, entrarán en calor; uno solo ¿cómo va a calentarse? Uno solo puede ser vencido, pero dos pueden resistir. ¡La cuerda de tres hilos no se rompe fácilmente!». (Eclesiastés 4.9–12)

Nada es más efectivo en la tierra contra los espíritus demoníacos que el poder de un acuerdo. «Además les digo que si dos de ustedes en la tierra se ponen de acuerdo sobre cualquier cosa que pidan, les será concedida por mi Padre que está en el cielo. Porque donde dos o tres se reúnen en mi nombre, allí estoy yo en medio de ellos». (Mateo 18.19–20)

Cornelio y Pedro no se conocían. Saulo y Ananías, tampoco. De hecho, José le pidió al copero que conoció en la cárcel que no se olvidara de él. Sin embargo, José no se conformó con eso, clamó a Dios y se conectó. Aunque el copero se olvidó durante dos años de él, la oración de José había quedado registrada en el libro de memorias. Así que cuando la crisis vino sobre la tierra, entonces el copero se acordó de José y lo contactó con el faraón.

Muchas veces las conexiones son solo para un momento. Cuando Felipe vio al etíope en el carro, le preguntó si entendía el libro que leía. El eunuco de inmediato le rogó a Felipe que subiese y se sentara con él (Hechos 8.31). Felipe fue el eslabón del eunuco etíope con Dios. Sin embargo, una vez que su conversación concluyó, no vemos una relación posterior.

Cuando encuentras la conexión, debes persistir. Noemí fue la conexión entre Rut y Booz. No obstante, Rut la siguió. «¡No insistas en que te abandone o en que me separe de ti! Porque iré adonde tú vayas, y viviré donde tú vivas. Tu pueblo será mi pueblo, y tu Dios será mi Dios» (Rut 1.16).

Muchos van a intentar detener esas conexiones. ¿Recuerdas al ciego que clamaba a Jesús y la gente lo hacía callar? Él sabía que Jesús era la conexión para su sanidad, y su persistencia creó la relación, estableció el contacto. «¡Cállate!», le decían al ciego, pero él sabía que de esa conexión dependía pasar a un nuevo nivel.

El Señor ha abierto la ventana de los cielos y hay conexiones esperando que te apropies de ellas por medio de la oración. Busca esa conexión. Debemos asirnos a la unción. Encuentra a alguien a quien respetas, alguien que amas, un mentor, y dile: «Me voy a aferrar a ti y aprenderé todo lo que pueda, porque es mi tiempo para crecer, para que Dios me lleve a un nuevo nivel». Cuida la conexión, valórala.

La mujer que padeció por doce años de flujo de sangre «avanzó hacia Jesús». Él no fue tras ella, sino que ella se extendió hacia él. Jesús preguntó: «¿Quién me ha tocado la ropa?» (Marcos 5.30). Las coberturas espirituales no se ofrecen, se piden. Como pastor, nunca le ofrezco cobertura a nadie. Tampoco brindo consejos si no me los piden. Las bendiciones se solicitan. Tú eres el que debe decir: «No voy a descansar, necesito ser persistente».

En ocasiones las conexiones son instantáneas. Mientras David terminaba de hablar con el rey Saúl, su hijo Jonatán fue instantáneamente unido al corazón de David. «Una vez que David y Saúl terminaron de hablar, Saúl tomó a David a su servicio y, desde ese día, no lo dejó volver a la casa de su padre. Jonatán, por su parte, entabló con David una amistad entrañable y llegó a quererlo como a sí mismo» (1 Samuel 18.1). Hay gente con la que me he conectado con tan solo verla. Hay algo que nos une, y es que estuvimos orando lo mismo por años.

Pablo fue la conexión para Juan Marcos en el área del ministerio. En un momento, Pablo se disgustó con él y buscó separarse. «Resulta que Bernabé quería llevar con ellos a Juan Marcos, pero a Pablo no le pareció prudente llevarlo, porque los había abandonado en Panfilia y no había seguido con ellos en el trabajo. Se produjo entre ellos un conflicto tan serio que acabaron por separarse. Bernabé se llevó a Marcos y se embarcó rumbo a Chipre, mientras que Pablo escogió a Silas. Después de que los hermanos lo encomendaron a la gracia del Señor, Pablo partió» (Hechos 15.37–40). Sin embargo, luego el apóstol le escribe un pedido notable a Timoteo: «Recoge a Marcos y tráelo contigo, porque me es de ayuda en mi ministerio» (2 Timoteo 4.11).

La conexión puede parecer insignificante ante tus ojos. Los generales como Naamán no miraban a la servidumbre. Posiblemente no cruzarían la mirada con una joven que era esclava, únicamente emplearían palabras para darle órdenes. Un día, esa muchacha, pudiendo haber sentido dolor y odio hacia quien la esclavizó, se acercó a la esposa de Naamán y le dijo: «Ojalá el amo fuera a ver al profeta que hay en Samaria, porque él lo sanaría de su lepra» (2 Reyes 5.3). ¿Quién conectó la sanidad de Naamán con el profeta? Una muchacha insignificante ante los ojos de su amo.

Nunca subestimes al que hoy toca el arpa, porque mañana puede ser tu rey. No sabes lo que es capaz de hacer Dios con la gente insignificante. A veces Dios puede usar a alguien opuesto a ti, que no tiene ni la menor idea de lo que estás haciendo, pero recibió una palabra. Hay órdenes divinas que se dan en el ámbito espiritual y tú tienes que conectarte. Dios ha usado gente para bendecirme con la que no coincidía en nada, pero me ha llevado a una nueva temporada en mi vida. Goliat fue el eslabón entre David y Saúl. El faraón fue el eslabón entre José y su familia. Quizás Dios puede poner a un Goliat en tu vida para que te eleves a un nivel que antes no ocupabas, para que ores más, para que se active la banda ancha, una carretera de información que no tiene límites.

Pablo fue una conexión entre el pueblo y el Espíritu Santo. Habló por tres meses y algunos se endurecieron. Hablaron mal contra él y su enseñanza. Entonces Dios lo alejó de ellos. «Pero algunos se negaron obstinadamente a creer, y ante la congregación hablaban mal del Camino. Así que Pablo se alejó de ellos y formó un grupo aparte con los discípulos; y a diario debatía en la escuela de Tirano» (Hechos 19.9).

Conexiones divinas

Muchas personas de diferentes países y profesiones han actuado como una conexión durante mi vida. Ellos me han traído mensajes de impulso y ánimo desde que era un muchachito de catorce años.

Algunos me animaron a servir a Dios y pactar con él mientras estaba sentado tocando una batería. Gracias a otra persona trabajé como ujier en una campaña evangelística y allí me contagié de la pasión que ese gran predicador tenía y que jamás podré olvidar.

Dios le habló a otra persona que me dio la oportunidad de trabajar en una organización de las grandes ligas en Argentina. Hay alguien que tiene lo que tú necesitas. Hay alguien que tiene la solución a tu necesidad. Tus conexiones de oración pueden liberar olas de favor fuera de lo común y milagros en tu vida. Si fallas en reconocerlas como regalos de Dios, abortarás mil milagros.

CAPÍTULO 12

QUÉDATE QUIETO

Prediqué este mensaje el domingo siguiente a enterarme de que uno de mis hermanos había fallecido muy joven a causa de un infarto fulminante. Ese día valoré la importancia de cuidar el templo del Espíritu Santo y saber enfocarme en lo que realmente era mi llamado. Muchos ministros que se decían mis amigos se han ofendido profundamente porque me he negado a invitaciones que me han hecho para asistir a sus eventos, pero he decidido exactamente cómo quiero invertir el tiempo que me resta de vida en esta tierra. Incluí este mensaje en el libro Asuntos internos *con el título: «¡Paren el ministerio que me quiero bajar!», pero creo que es fundamental que también forme parte de esta selección esencial de mensajes. Presumo que al terminar de leerlo, tal vez te hagas el mismo regalo que yo a mis cuarenta años.*

Recuerdo el mejor regalo que tuve al cumplir cuarenta años. Más allá de los obsequios de mi querida familia, consideré que era el momento ideal para regalarme algo a mí mismo, algo de lo que nunca antes había disfrutado, y esta podía ser mi oportunidad. Tenía que tratarse de un artículo más valioso que un objeto o algo que simplemente pudiera comprarme. Un obsequio que me fuera útil por el resto de lo que me quedara de vida y que solo yo podría regalarme.

Así que luego de meditarlo por los últimos diez años, al cumplir cuarenta me regalé el «no». Lisa y llanamente me regalé esa pequeña palabra de dos letras que no me atreví a usar en todos estos años de ministerio. El mismo Señor Jesucristo la utilizaba. De hecho, él sabía descansar y escapar de las multitudes simplemente cuando lo consideraba necesario. De modo que nunca vi el motivo por el cual no pudiera hacer uso de mi regalo.

Nuestro Señor siempre fue alguien enfocado, ni una sola vez se salió del carril, sino mantuvo su vida en su curso. No sanó a todos, no perdonó a todos. Sin embargo, dijo: «Consumado es». La obra fue terminada. La misión fue cumplida. Podía haber sido un héroe nacional, un revolucionario político, sin embargo, estaba enfocado en la única tarea que le fue comisionada.

Durante muchos años le he dicho que sí a casi cualquier invitación que me ha llegado para predicar. He estado en cuanto congreso se organizara, campamentos, cruzadas, eventos especiales, cena de matrimonios, reuniones con jóvenes, adolescentes, damas, hombres y abuelas.

Mi necesidad de sentirme útil para el reino y ser efectivo en el ministerio hizo que durante mucho tiempo corriera tras la agenda, llegando exhausto a la cama, pensando que estaba aprovechando mi tiempo en la tierra. Por ende, me ha costado muchísimo emplear el «no», incluso aunque no se tratara de hacer un uso indiscriminado del mismo.

Cuando hablo de que me regalé el «no», quiero decir explícitamente eso, sin rodeos. Si me invitan a un sitio donde no tengo ganas de ir o sé que sacrificaré un tiempo de calidad con mi familia, simplemente respondo: «No». Por supuesto, las preguntas no tardan en llegar: «¿Es un tema de ofrenda?», «¿Es cuestión de agenda?», «¿Se trata de un pasaje de avión en primera clase?». Sin embargo, no tiene que ver con nada de eso, solo que estoy haciendo uso de mi nuevo regalo.

No es que actúe de manera arbitraria, pero el «no» me mantiene enfocado en aquello que fui puntualmente llamado a hacer. No voy a ningún sitio solo para «que no se ofendan» o «quedar bien».

Ante cada compromiso me ocupo diligentemente de pasarlo por el tamiz de mi enfoque ministerial: «¿Esto contribuirá a aquello que fui llamado a hacer en este momento? ¿Estoy haciendo esto solo por inercia, por ser políticamente correcto o realmente se trata de Dios pidiéndome que lo haga?».

Y en ocasiones aun suelo ser más drástico (confieso que debe ser porque ya pasé las cuatro décadas), así que me miro al espejo y me pregunto: «Si hoy fuese el último día de mi vida, ¿querría hacer lo que voy a hacer hoy?». Y si la respuesta es «no» durante demasiados días seguidos, sé que necesito cambiar algo en mi lista de prioridades.

En la nave insignia equivocada

Hace unos años fundé y dirigí una revista llamada *Edición G*, siempre me gustó el diseño gráfico y el periodismo, así que esta era la forma más cercana de disfrutar de ambos oficios, además de editar un buen material para jóvenes. La mantuvimos con éxito por tres años. Vendíamos muchísimos ejemplares, les dábamos trabajo a varias familias y llegamos al tope de los avisos publicitarios, teniendo que dejar en lista de espera a varios clientes, ya que habíamos superado el porcentaje estipulado sobre la cantidad de páginas destinadas a la venta.

Un viernes por la mañana me encontraba atascado en el infernal tránsito de Buenos Aires, tratando de llegar a la oficina para cerrar una nueva edición de la revista. Fue entonces que en la luz de un semáforo que parecía eterno, con el sol pegando de frente sobre el parabrisas del automóvil, me hice la pregunta crucial. Llamé a mi esposa y le dije:

—Liliana, no estoy seguro de si quisiera hacer esto por el resto de mi vida.

—¿A qué te refieres? Te gusta hacer la revista, lo disfrutas.

—Es cierto, pero he transformado esto en mi nave insignia. Dedico treinta días al mes durante casi doce horas diarias a escribir notas, hacer producciones fotográficas, colocar epígrafes, corregir los manuscritos, revisar una y otra vez los originales... Lo que intento decirte es que si este fuera mi último año de vida, no quisiera estar haciendo esto. Ocupa la mayor parte de mi tiempo y estoy relegando otras cosas que también podría hacer.

Ese mismo día llegué a la oficina y ante el asombro de todo el equipo anuncié que terminábamos la revista, editaríamos un último número de lujo y haríamos una fiesta para celebrarlo. Nunca me sentí tan feliz de recobrar mi enfoque, aunque muy pocos podían entender mi decisión, pues nadie se baja del tren del éxito. Sin embargo, yo no estaba dispuesto a pasarme el resto de mi vida detrás de un escritorio.

El propósito del aceite

Todos los líderes tenemos un llamado de Dios, eso es indiscutible. No obstante, el gran secreto para ser efectivos en ese llamado es descubrir para qué se nos dio el aceite. No podemos suplir las necesidades de todo el mundo. No podemos complacer a todo el mundo. Y cuando lo intentamos, se nos acaba el aceite y terminamos estresados, quemados, extenuados y con ganas de abandonarlo todo. Una de las principales causas del agotamiento ministerial es justo la carencia de enfoque, el querer hacerlo todo, transformándonos en «aprendices de todo y maestros de nada». Los líderes que han padecido del síndrome mesiánico han colapsado antes de cumplir con su misión.

No nos podemos dejar influenciar por las teologías de moda o las corrientes ministeriales que surgen a diario. Necesitamos tener una vida de liderazgo con estrategia, con una prioridad definida y enfocada. No podemos ser líderes erráticos o tener corazones distraídos como si sufriéramos de hipo espiritual, saltando de un sitio a otro. Necesitamos definir para qué fuimos llamados y qué ministerio queremos edificar.

Predicadores famosos deprimidos

Todos recordamos el caso de Elías en el momento en que se metió dentro de una cueva con ganas de morirse. Este es uno de los tantos casos bíblicos. Jonás podría ser otro ejemplo, pero Elías es el que más sorprende, porque venía de experimentar una gran victoria.

«Y allí se metió en una cueva, donde pasó la noche. Y vino a él palabra de Jehová, el cual le dijo: ¿Qué haces aquí, Elías?». (1 Reyes 19.9, RVR60)

Es notorio que Dios no le dijo: «¿Qué haces ahí?», como si él estuviese fuera de la cueva, mirando a Elías desde el exterior, sino le dijo: «¿Qué haces aquí?», lo cual significa que el Señor estaba con él, solo que no era el lugar indicado para permanecer.

Esa misma pregunta la he sentido de parte del Señor infinidad de veces: «¿Qué haces aquí, Dante?». Me ha sucedido durante almuerzos de compromiso, aburridos ágapes pastorales o incluso en la habitación de un hotel, horas antes de predicar en algún congreso. La pregunta conmueve el alma y nos pone a reflexionar acerca de las motivaciones del porqué estamos haciendo lo que hacemos.

Cuando no logramos enfocarnos de manera estratégica, terminamos en el agotamiento que posteriormente conduce a la depresión.

La palabra «depresión» proviene del latín *depressio*, que quiere decir «hundimiento».

Los síntomas son falta de concentración, insomnio, tristeza profunda, falta de motivación, vacío interior, pérdida de interés por las cosas pequeñas de la vida, pérdida de energía, fatiga constante, cansancio, irritabilidad, bajo nivel de productividad, imposibilidad de tomar decisiones importantes, olvidos, dolores musculares y desinterés sexual.

Esta patología puede derivar en cáncer, diabetes y desórdenes hormonales; y ni hablar de los cientos de casos de hombres de Dios que pecaron solo porque se sentían «agotados espiritualmente». No olvidemos que el lavado cerebral en los campos de concentración se hacía cuando los prisioneros tenían sus mentes agotadas y desgastadas. Es ahí cuando podían «reprogramarlos», porque sus almas quedaban indefensas.

Si el enemigo no puede detenerte, te sobreactivará. Y como dijo un colega: «La falta de tiempo no es del diablo, *es* el diablo».

Charles Spurgeon se pasaba tres meses al año sin predicar debido a las grandes depresiones que solía sufrir. En 1866, le escribió una carta a su congregación que decía: «No puedo predicar este domingo, soy objeto de una depresión tan profunda que deseo que a ninguno de ustedes les suceda jamás algo así».

Por otra parte, en 1527, Martín Lutero escribió: «Durante más de una semana he estado a las puertas de la muerte y el infierno. El contenido de la depresión es siempre el mismo: en ocasiones pierdo la fe en que Dios es bondadoso y que lo es para mí también».

En algún punto y al igual que el profeta Elías, estos hombres perdieron la perspectiva correcta del servicio a Dios y se centraron en una vorágine donde la agenda tomó el asiento delantero.

Miedos conocidos

Con el correr de los años he notado que los líderes solemos convivir con miedos íntimos. No llegan a ser patologías, pero son temores que se instalan en nuestro ministerio y por alguna razón aprendemos a convivir con ellos. Uno muy popular es el miedo a los silencios. Existen muy pocos predicadores que durante su exposición dejan siquiera algunos segundos para la reflexión o que el público pueda asimilar lo que ellos mismos acaban de decir.

Los espacios se suelen rellenar con expresiones como: «¿Cuántos dicen amén a esto?», «¿Cuántos lo creen?», «¡Déle un fuerte aplauso al Señor!». O lo que es peor, frases como: «Dígale esto al que está a su lado» o «Repita conmigo lo que acabo de decir». Si acaso todo fuese dicho en honor a la homilética o por el mismo arte de la oratoria, no estaría mal, pero la mayoría de las veces es por miedo a pensar que si hay demasiado silencio significa que no hay retroalimentación, el público debe sentirse aburrido o no está entendiendo, así que lo mejor es rellenar todos los segundos de posible silencio.

En la misma línea de pensamiento, existe el temor a que «nos olviden» o «Dios nos deje de usar», y lo relacionamos exclusivamente con la agenda. Me he encontrado infinidad de veces con ministros que salen a viajar por el mundo con la «agenda abierta». Es decir, aceptan una invitación para predicar en alguna ciudad y si allí mismo al terminar el servicio alguien más los invita para el próximo domingo, abren la agenda y se quedan una semana más, dos, tres o lo que haga falta, alegando: «Me estalló el ministerio, no dejo de recibir invitaciones». Y van agregando fechas al igual que si completaran un cartón de lotería. Como si la espiritualidad y la unción dependieran de cuánta gente los invite y no de su relación íntima con el Señor.

Es un dato oficial, así como los líderes le tenemos miedo a los silencios, también le tenemos pánico a quedarnos quietos.

No te muevas

¿Has visto a alguien alguna vez pegar en su nevera o automóvil una calcomanía que diga: «Quédate quieto»? Sería extraño. «Esfuérzate y sé valiente» es una exhortación que se ve mucho mejor. Aunque ambas frases estén en la Biblia, la primera pareciera que fuera de menor categoría o menos bíblica.

«Ustedes quédense quietos, que el Señor presentará batalla por ustedes». (Éxodo 14.14)

«Pero ustedes no tendrán que intervenir en esta batalla. Simplemente quédense quietos en sus puestos, para que vean la salvación que el Señor les dará». (2 Crónicas 20.17)

«Quédense quietos, reconozcan que yo soy Dios». (Salmos 46.10)

Es obvio que somos como algunos niños que no pueden permanecer quietos. Solo que ellos lo hacen porque se desbordan de energía, mientras que nosotros asumimos que a mayor activismo, mayor unción, y casualmente es todo lo contrario. No hay nada que atente tanto contra la unción y la consagración como el agotamiento físico, mental y espiritual.

El genial Mike Yaconelli solía decir varias cosas interesantes que se han grabado a fuego en mi memoria: «No es pecar demasiado lo que nos está matando, sino nuestro horario es el que nos está aniquilando. No tenemos tiempo para los cónyuges, los hijos ni los detalles importantes. No llegamos a casa tambaleándonos por el alcohol, sino por el cansancio, porque vivimos demasiado rápido y dejamos a Jesús como una manchita que se aleja en el espejo retrovisor. ¡El reloj y las fechas de pago son nuestro verdadero problema!».

Actualmente vivo en California y me he dado cuenta de que en las autopistas no hay carriles para ir paseando apaciblemente. No existe un sector para ir más despacio que el resto de los autos.

Todo el mundo conduce apurado y si no te sumas a la velocidad, es mejor que tampoco subas a la autopista. «No sé a dónde voy, pero debo llegar ya», pareciera ser la consigna de los conductores californianos, y valga el ejemplo. Ser un líder tampoco significa invitar a Jesús a «correr» con nosotros, sino darnos cuenta de que él necesita que nos detengamos a escuchar su voz.

El agotamiento del alma es más peligroso que el alcoholismo o cualquier otra adicción, porque el efecto residual del cansancio ministerial es el pecado. Los líderes que han pecado con su secretaria arrojaron por la borda la solidez de su ministerio, la integridad personal y un matrimonio de treinta años por quince minutos de pasión hormonal. Al final, terminan confesando que lo hicieron porque estaban abrumados debido a las responsabilidades del ministerio y agotados físicamente, sin poder tener un refrigerio espiritual.

Por eso un famoso autor solía decir: «Cuando tomas la adoración pagana de la ocupación y le sumas el mandato bíblico de alcanzar al mundo, obtienes una combinación letal».

Primero lo primero

A lo largo de estos años he cometido muchísimas tonterías debido al activismo ministerial, de las cuales estoy profundamente arrepentido y le he pedido perdón a mi familia, que fue las más afectada.

Hace unos quince años atrás, nuestro niño comenzó con algunas líneas de fiebre, luego continuó con vómitos y al final resultó ser un virus, el cual le ocasionó un grave problema gastrointestinal que lo dejó hospitalizado. En cuestión de horas estaba vomitando sangre ante nuestra desesperación como padres primerizos, pues veíamos que nuestro niño apenas podía abrir los párpados. Los médicos no encontraban el diagnóstico correcto ni nos daban esperanzas acerca de su pronta recuperación.

En medio de esa crisis, recordé que ese mismo día debía cumplir con una invitación a predicar en un país vecino. Mi esposa siempre fue un apoyo incondicional y jamás se interpuso en el cumplimiento de mis responsabilidades ministeriales, así que ni siquiera me pidió que me quedara. Sin embargo, yo sabía que no podía dejarla sola al lado de la camita de nuestro niño, que a esta altura no tenía ni siquiera fuerzas para llorar, solo emitía un gemido que aún recuerdo con dolor.

Llamé al pastor anfitrión y le expliqué lo que estaba viviendo con lujo de detalles, mencionándole que no estaba en condiciones anímicas para predicar, no sentía que fuera correcto dejar a mi esposa sola, y esperábamos un parte médico al otro día muy temprano. El pastor, sin siquiera ofrecerme una palabra de oración por mi hijo, me respondió:

—Lo siento, yo tengo todo anunciado. Si tú no vienes, no sé qué decirle a la gente.

—Pruebe a decirle la verdad, explique que mi hijo está grave.

—Imposible. Ven ahora mismo, porque te estamos esperando y yo no puedo fallarle a mi gente.

Acto seguido colgó el teléfono enojado.

Como en aquel entonces aún no me había regalado el «no» y tenía miedo de que «me olvidaran» o «me dejaran de invitar», abracé a mi esposa, le di un beso a nuestro niño en la camita del hospital, y me fui a «cumplir para que el pastor no quedara mal con su gente».

Dios fue fiel y nuestro niño se recuperó por su divina providencia. No obstante, debo serte honesto, si hoy me pasara exactamente lo mismo, puedo asegurarte que esta vez no me movería de al lado de mi familia. Ellos son mi prioridad. No quisiera ser parte de la fría estadística de los siervos de Dios que pavimentaron su camino a la vanguardia ministerial abandonando a su familia y el costo fueron sus hijos o su cónyuge.

Hace poco le pedí perdón a mi esposa y a mi hijo (que por cierto ahora ya es un muchacho) por haberlos dejado solos aquella noche. Y les prometí que no volverá a suceder mientras yo viva. Ellos pasarán una sola vez por mi vida y no quiero perder a mis hijos por dedicarme a construir un imperio ministerial, no quiero llegar a viejo queriendo remediar como abuelo lo que no hice como padre. ¿De qué me vale ganarme el aplauso de un estadio y tener el desprecio de mis hijos? Ese es un trueque que no estoy dispuesto a hacer.

Un gran amigo mío que toda su vida fue un adicto al ministerio terminó con un infarto masivo que lo arrojó por más de un mes a una cama hospitalaria. Recuerdo que cuando fui a visitarlo acabó dándome un consejo: «No cometas la misma torpeza que yo; detente por las buenas. Este mes he sentido la presencia de Dios como hacía años que no la sentía y estado más cerca que nunca del Señor. Estoy agradecido de que esto me haya sucedido, aunque te confieso que de haberlo sabido, me habría retirado voluntariamente a una montaña a orar en vez de estar en la cama de un hospital».

Si te sientes identificado y notas que estás más cansado de lo usual, más irritable que de costumbre, y tu amor por la gente está disminuyendo, es que la alarma ya comenzó a sonar. Una buena manera de saber si no estás al límite del estrés es preguntarte si tu amor por las almas está creciendo o se está reduciendo.

Debes revisar periódicamente si aún sientes pasión por las almas o solo por liderar. Recuerda de qué se trataba todo esto antes de comenzar: de las almas, ese es nuestro núcleo, la visión inicial por la que queríamos ser reclutados.

Si necesitas buscar un claro en medio de la jungla, hazlo de inmediato. Si ves el incendio de tu propia casa desde afuera, tienes la perspectiva incorrecta. Antes de que el fuego consuma tu templo, las alarmas comenzarán a sonar desde adentro y solo tú puedes oírlas, nadie más. Todo el resto te alentará a llenar la agenda, asumir más compromisos que los que puedes cumplir y conducir por los carriles rápidos del ministerio.

Es hora de vencer el pánico a que los reflectores se posen sobre otra persona. Por nuestra propia salud mental es bueno que sepamos que a la larga eso sucederá, y si te queda alguna duda, pregúntale a Juan el Bautista.

Necesitamos detenernos y quedarnos quietos para reagruparnos, revisar a fondo aquello que hace falta reparar, corregir los rumbos incorrectos, hacernos de nuevas provisiones y refrescarnos el alma para luego salir al ruedo. No hay nada peor que el olor del aceite viejo o rancio, así que necesitamos renovarlo justamente en el mismo lugar donde una vez comenzamos.

El Señor no corre contigo. Él está en la montaña, esperando a que te detengas.

CAPÍTULO 13

¡RECUERDA!

David Wilkerson mencionaba en uno de sus inolvidables mensajes que desde el libro de Génesis hasta Apocalipsis la Biblia es un recordatorio, un grito a viva voz que nos dice: «¡Recuerda!». Toda la Palabra de Dios es un memorial, un libro de recuerdos para acentuar nuestra fe y afirmar lo que creemos. Prediqué este mensaje una mañana en que yo mismo necesitaba escucharlo. Corría el mes de agosto del 2013 y Liliana y yo teníamos una petición muy especial delante del Señor, necesitábamos que él interviniera en una situación muy incómoda en el ministerio que solo podía resolverse de manera espiritual y con la intervención divina. Luego de que Dios me diera este sermón, a la semana siguiente nos reveló la estrategia que debíamos poner en práctica tan solo recordando las ocasiones en que él mismo nos había dado la victoria en el pasado.

En menos de seis meses el Señor no solo nos trajo liberación y victoria, sino que aprendimos a levantar un memorial de aquel momento tan especial para nuestras vidas.

En cierta ocasión, Jesús le dijo a sus discípulos: «Pasemos al otro lado», y cruzaron el Mar de Galilea. Al llegar a la otra orilla los discípulos advirtieron que se habían olvidado del pan:

—Tengan cuidado —les advirtió Jesús—; eviten la levadura de los fariseos y de los saduceos.

Ellos comentaban entre sí: «Lo dice porque no trajimos pan». Al darse cuenta de esto, Jesús les recriminó:

—Hombres de poca fe, ¿por qué están hablando de que no tienen pan? ¿Todavía no entienden? ¿No recuerdan los cinco panes para los cinco mil, y el número de canastas que recogieron? ¿Ni los siete panes para los cuatro mil, y el número de cestas que recogieron? ¿Cómo es que no entienden que no hablaba yo del pan sino de tener cuidado de la levadura de fariseos y saduceos?

Entonces comprendieron que no les decía que se cuidaran de la levadura del pan sino de la enseñanza de los fariseos y de los saduceos. (Mateo 16.6–12)

Las amas de casa bien saben que la levadura es lo que leuda la masa, la hace crecer. Los discípulos pensaron que las palabras de Jesús sobre la levadura eran una referencia directa al pan que habían olvidado llevar y a su preocupación porque no tenían qué comer.

Marcos, al contar esta historia, lo dice de la siguiente manera: «Jesús les dijo: ¿Por qué están hablando de que no tienen pan? ¿Todavía no ven ni entienden? ¿Tienen la mente embotada? ¿Es que tienen ojos, pero no ven, y oídos, pero no oyen? ¿Acaso no recuerdan? Cuando partí los cinco panes para los cinco mil, ¿cuántas canastas llenas de pedazos recogieron?». (Marcos 8.17–19)

Jesús hizo estos milagros dos veces al alimentar a cinco mil personas una vez y a cuatro mil en la siguiente ocasión. Sin embargo, solo unos días después, los discípulos estaban llenos de dudas y preguntas acerca de «no tener pan». Si te olvidas de las bendiciones de ayer, no podrás hacerles frente a las crisis de hoy. El Señor dice continuamente a lo largo de toda la Biblia: «¡Recuerda, recuerda, recuerda, recuerda!». Como los veía preocupados, él quería que recordaran lo que ya había hecho antes, la multiplicación de los panes y los peces.

Refresca los milagros de Dios en tu mente

Después de haber cruzado el Mar Rojo, Moisés exhortó a Israel diciendo: «Acuérdense de este día en que salen de Egipto, país donde han sido esclavos y de donde el Señor los saca desplegando su poder. No coman pan con levadura [...] El día de mañana, cuando sus hijos les pregunten: "¿Y esto qué significa?", les dirán: "El Señor, desplegando su poder, nos sacó de Egipto, país donde fuimos esclavos [...]" Esto será para ustedes como una marca distintiva en la mano o en la frente, de que el Señor nos sacó de Egipto desplegando su poder» (Éxodo 13.3, 14, 16). En esencia, el Señor les estaba diciendo: «Guarden estas memorias y manténganlas a mano. Siempre refrésquenlas en sus mentes para poder enfrentar la crisis. Cada vez que enfrenten una crisis, un gigante, cada vez que un enemigo se acerque, deben recordar todos los milagros que he llevado a cabo. No olviden las liberaciones que han experimentado. Mantengan un diario mental de ellas y recuerden cada detalle. Luego asegúrense de contárselas a sus hijos. Sigan hablando acerca de sus milagros. Esto aumentará su fe y también la de las próximas generaciones».

Muchos reciben milagros grandiosos como la multiplicación de los panes, la sanidad, la prosperidad en su vida, pero a medida que pasan los meses y años, creen que Dios se olvidó de ellos y que no volverá a hacer los milagros que hizo una vez.

No obstante, el Señor nos dice a través de Moisés y Jesús que debemos refrescar la mente cada mañana, no dar por sentado nada, y tener esos testimonios y milagros de Dios a mano, al punto de que estés siempre dispuesto a testificar lo que has vivido.

Recuerda al oso y al león

Hace unas semanas, mientras caminaba por el barrio donde vivo, buscaba una respuesta de Dios, que llegó veinticuatro horas después de esa oración. Esa mañana no oré como siempre, pues hay ocasiones en las que suelo hacerlo muy enojado. Dios me conoce. A veces mis oraciones se parecen a las de Moisés cuando decía: «¡Señor, hazlo por amor a ti mismo! ¿Qué dirán en Egipto, que nuestro Dios nos sacó para que muramos?». Si él me hablara como yo le hablo, no lo soportaría. Sin embargo, una mañana me preguntó con mucho cariño: «Dante, ¿recuerdas los milagros que hice en tu vida? ¿Recuerdas lo que he hecho por ti?». Cuando el Espíritu Santo me hizo esta pregunta, me abrumé. Solo podía recordar algunas cosas. ¡Me había olvidado de muchas y dado por sentado varias más! Peor que eso, no las recordé en los tiempos más importantes, cuando enfrenté una crisis, aunque los recuerdos de mis victorias pudieron alimentar mi fe durante esas pruebas.

Dios dice que si quieres enfrentar a un gigante, estás obligado a recordar al león y al oso.

> —¡Cómo vas a pelear tú solo contra este filisteo! —replicó Saúl—. No eres más que un muchacho, mientras que él ha sido un guerrero toda la vida.
>
> David le respondió:
>
> —A mí me toca cuidar el rebaño de mi padre. Cuando un león o un oso viene y se lleva una oveja del rebaño, yo lo persigo y lo golpeo hasta que suelta la presa. Y si el animal me ataca, lo sigo golpeando hasta matarlo. Si este siervo de Su Majestad ha matado leones y osos, lo mismo puede hacer con ese filisteo pagano, porque está desafiando al ejército del Dios viviente. (1 Samuel 17.33–36)

Saúl le dijo a David: «Tú no puedes ir contra Goliat, es un filisteo preparado para la batalla». No obstante, David recordaba que cuando fue pastor de ovejas, al ver llegar a un león o un oso, se envolvía un trapo en el puño, lo introducía por la mandíbula y se la quebraba. ¿Qué es lo que le da fe a David? Recordar al oso y al león. A su modo, David tenía batallas y victorias que contar. Esos recuerdos lo llevaron a pararse frente al gigante sin armadura, solo con unas pocas piedras del arroyo. Allí frente al oso y al león, Dios le mostró su favor. No había aplausos. No había público que lo arengara con porras, solo Dios y él.

Es necesario que recuerdes tus triunfos y victorias. Muchos han olvidado que Dios los levantó de una cama de hospital. Tal vez tu memoria se ha vuelto débil y has olvidado cuando llorabas en derredor de la mesa, porque no sabías si mañana tendrías un techo para protegerte. ¡Cuántas oraciones desesperadas hiciste delante de Dios y él las respondió! Es por eso que el Señor te dice: «Recuerda, recuerda, recuerda».

Quizás mientras lees estas páginas tienes sobre la mesa una carta del banco dándote un ultimátum de pago. Tal vez están por despedirte del trabajo. Esta mañana detectaste un pequeño bulto en tu pecho y crees que es cáncer. Entonces piensas: «¿Cómo se enfrenta a un gigante así?». Yo tengo una Palabra de Dios para ti. El valor, la valentía para levantarte y ganarle al gigante, los vas a encontrar en tu propia vida. Dios dice: «Búscame en tu pasado. No es la primera crisis que has atravesado, ya estuviste frente a los leones y los osos. Así como aquella vez, hoy volveré a darte la victoria ante tus gigantes».

Volvamos al principio

A modo de ejercicio te invito a recordar qué fue lo que te enamoró de la persona con la cual formaste una familia. ¿Qué fue lo que te atrajo de ella o él? Personalmente, sostengo la filosofía de que el mejor estado de un ser humano es estar enamorado. El rostro de la persona brilla, se viste bien, luce bien. Ya sea que el amor sea correspondido o no, este exacerba lo mejor que hay en uno. Cuando no estás enamorado, te vuelves gris, te apagas. En el matrimonio siempre tienes que recordar qué fue lo que te atrajo de la otra persona la primera vez.

Con Jesús sucede algo similar. Cuando llegamos al camino del Señor, nos enamoramos de él. Este es el primer amor que menciona la Palabra. Sin embargo, como cristianos, debemos recordar qué fue lo que nos hizo enamorar, qué nos atrajo de Jesús para rendirnos ante él, llegando hoy a llamarnos sus discípulos. Es por eso que Pablo le decía a Timoteo: «Por eso te recomiendo que avives la llama del don de Dios que recibiste cuando te impuse las manos» (2 Timoteo 1.6). Avivar la llama es nuestra responsabilidad. Tienes que hacer memoria.

¿Recuerdas cómo eras antes de conocer a Jesús? ¿Realmente sabes cuán cerca estabas del infierno, algunos quizás cerca del suicidio, otros cerca de ser poseídos por demonios? ¿Recuerdas el milagro, el cambio que ocurrió? ¿Estuviste a punto de rendirte? ¿Te desanimaste? ¿Estuviste tan abrumado que pensaste que era inútil seguir al Señor? Si es posible, entra en tu auto y conduce hacia una carretera campestre de noche. Detén el auto, sal, y contempla la luna y los millones de estrellas. Entonces recuerda a tu Dios Creador y todas sus obras. Es un ejercicio: «Recuerda, recuerda, recuerda». Cuando recuerdas el principio, inmediatamente tienes fe para las crisis que están por delante.

Un afligido Job le reclama a Dios haberse olvidado de él, expresándole como todo hombre enojado su disconformidad y su frustración. No obstante, Dios le responde: «¿Dónde estabas cuando puse las bases de la tierra? ¡Dímelo, si de veras sabes tanto! ¡Seguramente sabes quién estableció sus dimensiones y quién tendió sobre ella la cinta de medir! ¿Sobre qué están puestos sus cimientos, o quién puso su piedra angular mientras cantaban a coro las estrellas matutinas y todos los ángeles gritaban de alegría? ¿Quién encerró el mar tras sus compuertas cuando éste brotó del vientre de la tierra? ¿O cuando lo arropé con las nubes y lo envolví en densas tinieblas? ¿O cuando establecí sus límites y en sus compuertas coloqué cerrojos? ¿O cuando le dije: "Sólo hasta aquí puedes llegar; de aquí no pasarán tus orgullosas olas"?» (Job 38.4–11). Dios literalmente llevó a Job a través de un «curso de poder» revelando su pasada creación.

Entonces le pregunta a Job: «¿Me acusas de que me olvidé de ti? Sin embargo, yo hago nacer el sol sobre ti cada mañana. Yo sigo hablando a tu corazón, mi Espíritu Santo te sigue contristando desde el interior». Y Job responde: «Yo sé bien que tú lo puedes todo, que no es posible frustrar ninguno de tus planes. "¿Quién es éste —has preguntado—, que sin conocimiento oscurece mi consejo?" Reconozco que he hablado de cosas que no alcanzo a comprender, de cosas demasiado maravillosas que me son desconocidas» (Job 42.2–3).

¡Recuerda!

Nehemías caminaba por los muros de Jerusalén mientras un remanente de labradores cansados y agobiados trataba de reedificar la ciudad. Ellos se vieron obligados a trabajar con un martillo en una mano y una espada sobre sus lomos, pues estaban rodeados por una coalición de tres naciones. En determinado momento, le dicen a Nehemías: «Hemos de morir». De inmediato, Nehemías recuerda sus osos y sus leones y responde lo siguiente: «¡No les tengan miedo! Acuérdense del Señor, que es grande y temible, y peleen por sus hermanos, por sus hijos e hijas, y por sus esposas y sus hogares» (Nehemías 4.14).

Dios no te está diciendo: «Acuérdate de ti, de la familia de donde vienes, de aquel crédito que te salvó, recuerda que el médico dijo que la ciencia y la quimioterapia lo habían hecho, o la pastillita...». En verdad, lo que Dios te dice es: «Recuerda que tienes un Dios grande y temible. ¡Pelea! ¡Pelea! ¡Pelea! Porque yo no he cambiado».

Te encuentras rodeado por una crisis financiera o un diagnóstico médico. Crisis por delante. Crisis a la izquierda, la derecha y detrás. Si avanzas, te caes, porque hay un risco, un precipicio. Si retrocedes, te topas con los enemigos. Israel está ante el Mar Rojo, con el paso cerrado. Detrás, se encuentra el ejército del faraón. Eso tipifica la crisis de algunos hoy.

Moisés trato con el temor de su congregación diciendo: «Tal vez te preguntes: "¿Cómo podré expulsar a estas naciones, si son más numerosas que yo?" Pero no les temas; recuerda bien lo que el Señor tu Dios hizo contra el faraón y contra todo Egipto [...] No te asustes ante ellos, pues el Señor tu Dios, el Dios grande y temible, está contigo» (Deuteronomio 7.17–21).

Levanta un memorial

Dios no ha cambiado. Te ha comprado por un precio y nadie puede arrebatarte de él. Dios no perdió el interés en ti, de modo que tienes que levantar un memorial. Dios le dijo a Josué que edificara un legado: «Vayan al centro del cauce del río, hasta donde está el arca del Señor su Dios, y cada uno cargue al hombro una piedra. Serán doce piedras, una por cada tribu de Israel, y servirán como señal entre ustedes. En el futuro, cuando sus hijos les pregunten: "¿Por qué están estas piedras aquí?", ustedes les responderán: "El día en que el arca del pacto del Señor cruzó el Jordán, las aguas del río se dividieron frente a ella. Para nosotros los israelitas, estas piedras que están aquí son un recuerdo permanente de aquella gran hazaña"» (Josué 4.5–7). Los arqueólogos declaran que esas piedras todavía están allí. Son rocas colocadas a la orilla del Jordán. El propósito de esta obra era que a medida que pasaran los años, cuando los hijos preguntaran qué significaban esas piedras, pudieran decirles que representaban el milagro de Dios frente a la crisis.

¿Cuáles son tus recordatorios físicos? Memorias que puedes ver o tocar con respecto al legado de Dios en tu vida. ¿Tienes uno? Algunos poseen un diagnóstico escrito en una receta médica. Luego de ser sanada, mi madre guardó el papel que declaraba un diagnóstico de cáncer. Lo tenía en su mesa de noche. Cada vez que ella abría el cajón, estaba ahí la radiografía de un gran tumor. Ahora ella está limpia, sana, pero guarda la fotografía de lo que antes tenía. Cada vez que su fe flaquea, con solo abrir el cajón encuentra un recordatorio físico del milagro de Dios. Guarda esa carta que el banco te envió advirtiéndote de un posible desalojo que nunca se realizó, no para entristecerte, sino para que recuerdes ante una próxima crisis de dónde te sacó Dios.

Tres palabras como piedras

Escríbelo, recuérdalo, compártelo.

Escribe tus memorias. Quizás no en un libro diario, pero tómate la molestia, y digo «molestia» porque Israel tuvo que acarrear las piedras que colocó como memorial de lo que Dios había hecho. Fue un trabajo de quizás una semana, no lo sabemos.

Si te regalan una casa y la pierdes, sentirás dolor, pero no el mismo dolor que si la hubieras construido con tus manos, ya que con tus propias fuerzas colocaste cada ladrillo y levantaste cada pared. Lo que te ayuda a recordar es el esfuerzo, el haberte tomado la molestia de acarrear las piedras.

Hace algún tiempo recuperé la primera Biblia con la cual comencé a predicar. Si la vieras encontrarías cientos de notas a lo largo de todas sus páginas. Muchas de ellas expresan mis momentos de crisis. Mientras la revisaba, encontré esta nota escrita en bolígrafo azul, con una letra horrible a causa de lo deprimido que estaba. La escribí a las cinco de la mañana de un 15 de septiembre de 1999 y la nota decía: «Señor, no sé por qué estoy experimentando este silencio, tal vez porque me desconecté de ti otra vez, pero cuando me pongo a orar, siento que me cuesta reanudar la comunicación. Necesito alguna palabra, algún gesto tuyo. Me muero porque me des una confirmación. Creo que este año no habrá cruzada. No me mandaste a hacer nada. Y me pregunto si mi ministerio terminó». ¡Yo creía que todo había finalizado para mí cuando en realidad estaba comenzando!

Recuérdalo. Cuando lo escribas, recuérdalo. Dios te dice: «No olvides lo que hice por ti. No lo des por sentado». Aunque la memoria es una herramienta maravillosa, se desvanece con el paso del tiempo. Envejecemos demasiado rápido. Algunos nombres se olvidan. Algunos rostros se desdibujan. Algunas memorias ya no son claras. Lamentablemente, recordamos nuestros fracasos mucho más que la fidelidad de Dios. Recordamos las tragedias y nos olvidamos de los triunfos. Compártelo. Diles a tus hijos que recuerden lo que Dios ha hecho. Alguien dijo: «Si una fotografía vale por mil palabras, una enseñanza vale por un millón». Que tus hijos aprendan cosas que no podrán olvidar nunca. Aunque algún día se confiesen ateos o digan que cambiaron de religión, nunca se olvidarán de lo que inyectes en su ADN.

El hogar es el lugar donde la vida hace sus determinaciones, donde se subrayan las impresiones. Los hijos aprenden por repetición. Si un cuadro vale mil palabras, un legado duradero vale un millón. Bendícelos, cúbrelos, comparte. No obstante, para compartir tienes que escribir tus memorias.

En el libro que escribió mi esposa, *El sueño de toda mujer*, aparece en el primer capítulo una fotografía del rancho donde ella vivía cuando era jovencita. Una casa pobre en la que cuando llovía se metía dentro del clóset para que las piedras que caían del techo no la lastimaran. Ella no recuerda eso con vergüenza. Traer esas imágenes a su memoria la ayudan a inspirar a miles de personas. Dios no ha cambiado. Es el mismo de ayer, hoy y siempre.

Escríbelo. Recuérdalo. Compártelo.

CAPÍTULO 14

ANALFABETISMO ESPIRITUAL

Recuerdo exactamente cómo surgió este mensaje. Durante la semana me llegó un correo electrónico de un presunto líder de alguna iglesia que me preguntaba si Dios veía con buenos ojos que él tuviera relaciones sexuales con su novia, ya que no había dudas de que se casarían muy pronto. «Soy un líder desde hace muchos años», afirmaba, «y sé que a Dios no le molestará». De alguna forma estaba buscando validar una decisión que ya había tomado en su corazón. En realidad, su intención ni siquiera era preguntarme, sino justificarse de algún modo. Ese día me di cuenta del grado de analfabetismo espiritual en cierto sector del pueblo de Dios y sentí la fuerte convicción del Espíritu Santo en cuanto a que debía predicar este mensaje. Aunque no es un clásico sermón homilético, se trata más bien de una plática dirigida a todos aquellos a los que el Señor insta a crecer y madurar, y es por esa misma razón que decidí incluirlo en esta selección.

Al igual que yo, seguramente tuviste la oportunidad de cursar algunos estudios para aumentar tu educación. Aunque hoy el estudio es parte del desarrollo normal de la niñez y la adolescencia, no siempre ha sido así, y en determinados países aún continúa siendo una dificultad acceder a la educación básica y elemental. El término *analfabeto* proviene de una palabra de origen latino que deriva a su vez del griego antiguo que hace referencia a aquella persona que no sabe leer ni escribir. De todas formas, el término suele tener un uso extendido y se utiliza para nombrar a los individuos que son ignorantes o carecen de los conocimientos más básicos en alguna disciplina. La historia de mi padre tiene mucho de esto. Solo pudo estudiar hasta el cuarto grado de la escuela primaria y debió abandonar su educación para ir a trabajar y ayudar a mantener a la familia. Su padre había muerto y él era el hijo mayor, así que a pesar de que tan solo tenía ocho o nueve años, tuvo que ir al campo a trabajar. Desde pequeño supe que mi papá no podía ayudarme mucho a la hora de la tarea escolar. Él me decía:

—Hijo, yo soy analfabeto.

—No papá, tú sabes escribir.

—Sabía hacerlo, pero lo fui olvidando, porque la vida no me dio tregua.

En este caso, mi padre no fue analfabeto por opción, sino por obligación. No tuvo otra salida.

Dentro de la singularidad del analfabetismo encontramos distintos tipos, entre ellos el *analfabetismo absoluto*. El mismo está representado por la persona que es incapaz de leer y escribir una breve y sencilla exposición de hechos relativos a su vida cotidiana. Seguramente este también ha sido el caso de muchos de nuestros abuelos.

Luego encontramos el *analfabetismo funcional*, caracterizado por aquellas personas capaces de leer y escribir, pero que no tienen el hábito de la lectura. Técnicamente conocen el proceso de leer y escribir, pero no lo practican, por lo tanto su lenguaje es limitado, al igual que su vida social. Tienen conocimiento de muy pocos temas y solamente hablan de lo que ven en la televisión. Es así que poco a poco se van transformando en analfabetos funcionales.

Encontramos también el *analfabetismo gramatical*. Esta categoría corresponde a aquellas personas que saben leer y escribir, pero lo hacen con graves errores ortográficos. Escriben con Z las palabras que no la llevan, ponen una C donde va una S, agregan la H donde les parece. Probablemente has advertido cómo los mensajes de texto contribuyeron grandemente al deterioro del idioma español.

Después está el *analfabetismo tecnológico*, que representa la incapacidad de utilizar las nuevas tecnologías tanto en la vida diaria como en el mundo laboral y no está reñido con la educación académica en otras materias.

Finalmente, encontramos el *analfabetismo espiritual*, el cual se refiere a las personas que no leen la Biblia, no la disciernen, y solo repiten lo que dice el pastor. En el siglo pasado se acusaba de analfabetos espirituales a los católicos, porque repetían lo que decía el cura y jamás abrían una Biblia por ellos mismos. Hoy en día, el analfabetismo ha llegado al pueblo evangélico de una manera alarmante.

La historia de la iglesia católica se ve representada por fieles que repetían sus oraciones de memoria sin emitir palabras que fueran el resultado de sus propias emociones o espíritu. Cuando surge algún debate teológico con un católico practicante, no es fácil llegar a una buena conclusión, ya que le faltan conocimientos para alcanzar una resolución que hayan sido obtenidos a través de su propia experiencia con la Palabra de Dios. Aunque este analfabetismo espiritual en el siglo pasado formaba parte del grupo de católicos, hoy es de igual modo patrimonio del ámbito evangélico o protestante. Ellos también repiten lo que dice el pastor, el apóstol, el hombre de Dios, pero desconocen verdades que están a su alcance a través de su Biblia.

¿Qué tan lejos puedo ir?

El escritor de Hebreos da una reprimenda, hace una exhortación muy cierta, y no por cierta menos dolorosa: «Sobre este tema tenemos mucho que decir aunque es difícil explicarlo, porque a ustedes lo que les entra por un oído les sale por el otro. En realidad, a estas alturas ya deberían ser maestros, y sin embargo necesitan que alguien vuelva a enseñarles las verdades más elementales de la palabra de Dios.

Dicho de otro modo, necesitan leche en vez de alimento sólido. El que sólo se alimenta de leche es inexperto en el mensaje de justicia; es como un niño de pecho. En cambio, el alimento sólido es para los adultos, para los que tienen la capacidad de distinguir entre lo bueno y lo malo, pues han ejercitado su facultad de percepción espiritual» (Hebreos 5.11–14).

¿A quiénes les está dando esta reprimenda? Les está hablando a creyentes que habían recibido suficientes enseñanzas de las verdades bíblicas y debían ser ya maestros, pero tenían necesidad de que se les volvieran a enseñar los primeros rudimentos, lo elemental de la Palabra de Dios. El alimento sólido es para los que han alcanzado la madurez, para los que por razón de la costumbre tienen los sentidos ejercitados en el discernimiento del bien y el mal. Por supuesto que no se refiere a aquellos que asisten por primera vez a la iglesia, sino a los que escucharon decenas de sermones de hombres ungidos. Maravillosas prédicas acerca de cómo batallar en la prueba, en la lucha. ¿Qué hacer cuando la tentación viene y toca la puerta de tu casa? ¿Qué hacer cuando estás solo y te sientes deprimido?

Existe una versión bíblica más popular llamada *Dios habla hoy*, la cual expresa este mismo episodio con estas palabras: «Tenemos mucho que decir sobre este asunto, pero es difícil explicarlo, porque ustedes son lentos para entender. Al cabo de tanto tiempo, ustedes ya deberían ser maestros; en cambio, necesitan que se les expliquen de nuevo las cosas más sencillas de las enseñanzas de Dios. Han vuelto a ser tan débiles que, en vez de comida sólida, tienen que tomar leche. Y los que se alimentan de leche son como niños de pecho, incapaces de juzgar rectamente. La comida sólida es para los adultos, para los que ya saben juzgar, porque están acostumbrados a distinguir entre lo bueno y lo malo».

¿Qué crees que siente Dios cuando espiritualmente ve a un hijo que hace doce o quince años que va a la iglesia y sufre de raquitismo espiritual? ¿Qué crees que siente Dios cuando su hijo, debiendo ser ya maestro, se involucra en chismes, ofensas y habladurías acerca de que no le dijeron o no lo llamaron, comportándose como un niño?

Imagino que Dios siente dolor, el mismo que un padre al ver que su hijo no está desarrollándose de acuerdo a su edad.

La crisis más importante que vivimos como pueblo cristiano es la del desarrollo. La mayoría de los miembros de nuestras iglesias no maduran, no pasan a nuevos niveles. Crecen en edad cronológica como creyentes, pero su vida psicológica, su vida espiritual, no se desarrolla al mismo nivel. Para los pastores representa un dolor inmenso ver que esto ocurre. Es hermoso comprobar que pasamos a un nuevo nivel, pero es doloroso cuando la gente no madura.

Los años pasan, sin embargo, cada domingo hay que repetir: «Venga temprano. Traiga la ofrenda. Póngase de pie». O el educador no está enseñando bien, o los educandos no están entendiendo. Quizás se trata de gente cuyo desarrollo emocional y espiritual, como dijo el escritor a los Hebreos, no crece conforme al tiempo cronológico.

Cuando uno ve a enanos espirituales, siente indignación, ya que su condición no se debe a una mala formación genética, sino a su desprecio por lo que Dios ha puesto a su alcance para su desarrollo normal. Hay gente a la que le gusta ir a la iglesia para que le digan cosas lindas. Hay megaiglesias que son así. Nunca se les puede hablar del pecado ni de la cruz, no se les puede confrontar con la doble vida, no se puede mencionar que algunos están en adulterio, no se puede hablar de la fornicación, la pornografía ni la masturbación. Sin embargo, un pastor que alimenta mal a la gente, aunque por un tiempo haga que las personas se sientan felices, en algún momento tendrá que dar cuenta ante Dios. Algún día frente al trono, en el tribunal de Cristo, el Señor nos preguntará por la gente que se acercó a nosotros pidiéndonos pan de vida, y para la cual convertimos pequeñas piedras en pan solo para que fuera feliz, pero nunca le dijimos cómo ir personalmente al Pan de vida.

Suelen pedirme: «Pastor, haga una oración por mí. A usted Dios lo escucha más». No obstante, en verdad a mí me interesa que tú aprendas que mi Dios es tu Dios personal y privado, y si me escucha a mí, te puede escuchar a ti también. Tienes que madurar para tener tu propia historia con Dios.

No importa cuántos años lleves siendo cristiano, sino cómo has empleado tu tiempo. Si tienes más de un año de convertido y no has leído casi toda la Biblia, eres un candidato a sufrir de *raquitismo espiritual*.

Los líderes o pastores que tenemos redes sociales como Facebook o Twitter sabemos que mucha gente de las iglesias, por lo general las evangélicas de toda América Latina, nos preguntan: «¿Puedo hacerme un tatuaje? ¿Puedo ponerme un arete? ¿Hasta dónde puedo tocar a mi novia? ¿Cuánto tiempo tengo que mantener un noviazgo? Si nos amamos mucho y ya tenemos el día fijado para la boda, ¿podemos tener relaciones?». Todo indica una sola cosa: «¿Qué tan lejos puedo ir siendo creyente? ¿Cuántas barreras puedo cruzar y todavía seguir siendo considerado un cristiano?».

Realmente, no quieren entender la justicia, qué es el pecado, qué ley transgredieron y si la gracia es abundante para su vida. Ellos desean que les digamos «si todavía pertenecen al club».

Ante estas preguntas y declaraciones, lo que en verdad se observa es que no han madurado. Son niños. Es necesario que asuman su responsabilidad, que crezcan, no pueden tomar leche toda la vida. Así que cuando llegue el alimento sólido, no te ofendas, no te sientas mal, porque es necesario decirte la verdad.

Síntomas de los analfabetos espirituales

El analfabeto espiritual padece de diferentes síntomas, entre ellos:

1. *El analfabeto espiritual pierde la capacidad de entendimiento*, «debiendo ser maestro no entiende». Lucha con los mismos pecados, nunca aprende la lección. Siempre se ve atado por los mismos errores. Siempre está luchando con lo mismo.
2. *El analfabeto espiritual es incapaz de transferir vida.* Cuando eres inmaduro, no puedes transferir vida. Una niña que no desarrolla sus órganos reproductores no puede dar vida, no puede engendrar. Una iglesia que se multiplica tiene una

sana doctrina, porque posee la capacidad de generar vida. Si no es así, esa iglesia resulta estéril. El pastor no procrea, las ovejas lo hacen. Nunca vi a un pastor pariendo ovejas. Son las ovejas las que tienen cría. Si la oveja es fértil y madura, tiene el fruto natural del crecimiento. Un cristiano maduro sigue la verdad. El inmaduro busca «milagros». Cuando solo te alimentas de leche y no de alimentos sólidos, tu sistema inmunológico se ve afectado y estás expuesto a contraer todo tipo de enfermedades. Recuerda que el Espíritu Santo trae a la memoria lo que ya está guardado previamente en tu depósito. Si no hay nada en la memoria, ¿cómo te va a ayudar en la batalla espiritual, durante la tentación?

3. *El analfabeto espiritual es incapaz de tomar decisiones.* No da pasos en fe. No se casa. No emprende. Repite como loro, sin querer madurar. Depende por completo del pastor o los líderes.

Maduro frente a inmaduro

Para finalizar este capítulo, quiero regalarte esta interesante lista que alguna vez leí y hoy deseo compartir contigo:

El maduro tiene para dar de sí mismo, sus recursos, su vida y su tiempo. *El inmaduro* siempre necesita que alguien le dé.

El maduro sigue la verdad. *El inmaduro* es llevado por las olas de doctrinas y las enseñanzas diversas. Siempre está confundido.

El maduro sabe lo que Dios quiere de él, tiene una vida con objetivos claros. *El inmaduro* experimenta una permanente falta de dirección.

El maduro crece en un conocimiento progresivo de sí mismo; conoce sus fallas, errores y áreas fuertes. Está dispuesto a aceptar sus equivocaciones, reconocerlas y superarlas en el poder del Señor. *El inmaduro* siempre está girando alrededor de un círculo vicioso de pecaminosidad y hábitos que no abandona.

El maduro tiene convicciones personales sólidas, basadas en lo que conoce y aplica de la Palabra. *El inmaduro* no posee convicciones personales importantes, sino se muestra cambiante. Hoy está, mañana no. Varía constantemente según el estado de sus emociones, pues no tiene una plataforma sólida.

El maduro es una persona de creciente espiritualidad. Busca a Dios. Estudia diariamente las Escrituras. Entiende cómo crecer hacia una espiritualidad adulta. *El inmaduro* no crece, vive una vida de carnalidad. Lee un «versículo» o un «salmito» cuando tiene tiempo.

El maduro influye en otros con sus convicciones. *El inmaduro* no influye en nadie, y si tiene alguna influencia, es negativa.

CAPÍTULO 15

TERMINANDO BIEN

Este fue mi último mensaje del año 2013 en el Anaheim Convention Center. Terminamos con una enorme celebración que no podíamos detener. Nuestra iglesia se multiplicó de una manera asombrosa en muy poco tiempo, creciendo de forma explosiva en menos de dos años. Algunos están tratando de averiguar las razones de lo que ellos llaman «un fenómeno inusual para el sur de California», pero nosotros sabemos que solo se trata de la providencia y el favor de Dios, no hay otra explicación lógica. Por eso este mensaje trajo tanta alegría antes de despedir el año, porque sabíamos que estábamos atravesando la última muralla, el último escollo en distintas áreas de nuestra vida y que el año siguiente sería aun mucho mejor. Si este mensaje fue el ideal para terminar bien un año, creo que también lo es para terminar esta selección de mensajes.

«Supongamos que alguno de ustedes quiere construir una torre. ¿Acaso no se sienta primero a calcular el costo, para ver si tiene suficiente dinero para terminarla? Si echa los cimientos y no puede terminarla, todos los que la vean comenzarán a burlarse de él, y dirán: "Este hombre ya no pudo terminar lo que comenzó a construir"». (Lucas 14.28–30)

No siempre las buenas intenciones son suficientes para terminar aquello que empezamos. Hay quienes empiezan a construir con el mejor propósito, pero quizás no terminan de hacer lo que comenzaron por falta de cálculo. Con el paso de los años he aprendido que lo importante no es correr rápido, sino mantenerse en la carrera. Entendí también que servir al Señor no es una carrera de cien metros, sino una maratón de resistencia. Me alegro mucho cuando encuentro consiervos que siguen en la marcha a pesar del paso de los años.

A veces me encuentro con gente que me dice: «Estoy sirviendo al Señor en tal provincia, en tal estado, en tal país. Te conocí durante el seminario cuando éramos jovencitos. Hoy soy pastor, evangelista». No hay cosa más maravillosa que encontrarme con personas que siguen sirviendo al Señor, que no abandonaron ni bajaron los brazos.

«He peleado la buena batalla, he terminado la carrera, me he mantenido en la fe. Por lo demás me espera la corona de justicia que el Señor, el juez justo, me otorgará en aquel día; y no sólo a mí, sino también a todos los que con amor hayan esperado su venida». (2 Timoteo 4.7–8)

Jesús no abandonó su camino a la cruz. Pablo no se dio por vencido. Es maravilloso tener durabilidad, longevidad en el ministerio. Y no me refiero a la vejez, sino a la permanencia. En un capítulo anterior analizamos la importancia del poder del enfoque, ya que es mi deseo ayudarte a encontrar el rumbo en tu vida. Ayudarte a encontrar propósito y significado. Necesitas enfocarte, porque la mente suele ser inconstante. La inconstancia es la falta de estabilidad y permanencia de algo. Una facilidad y una ligereza excesivas para cambiar de opinión, pensamiento, amigos, empleos, creencias y actitudes al primer problema. Hay quienes contabilizan las iglesias de las cuales fueron parte. ¡Nunca echan raíces en ningún lugar! Se mueven sin brújula, sin dirección. Otros cambian de carrera, de estudios, sin decidir nunca en qué van a ser buenos. Son aprendices de todo y maestros de nada. Nunca se especializan y son buenos en algo. Se las arreglan más o menos para todo. Dios quiere que seamos diez veces mejores en todo lo que emprendamos. Tenemos que tener la mejor empresa, el mejor empleo, el mejor ministerio.

A las personas inconstantes se les dificulta mucho mantener relaciones afectivas, ya que cuando comienza la crisis, se escapan. Algunos inician una relación con una novia en enero y para marzo ya están con otra, y luego de un tiempo dejan a esta novia y regresan con la primera. Su vida es inconstante. En su interior hay una mezcla de sentimientos. No mantienen sus relaciones porque no saben lo que quieren.

Otros son inconstantes intelectuales, nunca terminan de leer un libro en la vida. Tienen siete libros en su mesa de noche, todos a medio terminar. Divagan como si tuvieran una dislexia, pero en realidad solo se trata de vagancia. No pueden concentrarse en las letras ni en nada. Por lo general, el que es inconstante intelectualmente lo es también en términos espirituales. Un día está bien, después un poquito mejor, otro día se enfrió, luego se apartó. No es constante, porque no tiene un norte hacia dónde ir. No está enfocado. Sin embargo, Dios nos dice que debemos ensanchar nuestra visión.

Todo ensanchamiento demanda una acción profética. Es por eso que Dios le dijo a Israel: «Tú, mujer estéril que nunca has dado a luz, ¡grita de alegría! Tú, que nunca tuviste dolores de parto, ¡prorrumpe en canciones y grita con júbilo! Porque más hijos que la casada tendrá la desamparada [...] Ensancha el espacio de tu carpa, y despliega las cortinas de tu morada. ¡No te limites! Alarga tus cuerdas y refuerza tus estacas. Porque a derecha y a izquierda te extenderás; tu descendencia desalojará naciones, y poblará ciudades desoladas» (Isaías 54.1–3).

El Señor nos dice que ensanchemos el espacio de nuestra carpa y despleguemos las cortinas de nuestra morada. También nos dice que no seamos escasos, sino alarguemos las cuerdas y reforcemos las estacas, porque nos vamos a extender a la derecha y a la izquierda. Vamos a crecer.

Aquí hay una promesa de abundancia. Lo que era estéril será fértil. Necesitarás mucho espacio para contener la abundancia que recibirás en los negocios, las finanzas, el ministerio; en todo lo que emprendas a nivel espiritual, sentimental, familiar y financiero.

Dios da la orden de construir

El pasaje bíblico que hemos citado anteriormente contiene una orden dada en verbo imperativo: «Ensancha el espacio de tu carpa». Y agrega una advertencia: «¡No te limites!». Esta palabra le fue dada al pueblo de Israel cuando estaba angustiado y se hallaba en el exilio, en el desierto. Los médicos dicen que cuando alguien está bajo un fuerte estado emocional depresivo, no puede seguir una orden, es incapaz de obedecer instrucciones. Así que llegan los amigos, abren las ventanas, corren las cortinas y dicen: «¡Vamos! A levantarse que es un día de sol». Sin embargo, la persona ya no puede acatar órdenes, porque atravesó todas las barreras de la depresión y no puede salir de ella. Así estaba Israel.

Si ya intentaste todo, pero hay una última muralla que no puedes pasar, esta palabra es para ti. Los atletas dicen que cuando ya no puedes más y tienes que lograr atravesar esa última muralla intangible, solo hay dos opciones: te detienes allí porque el cuerpo dice basta, o pasas a lo que llaman «el segundo aliento», que es cuando empiezas a correr con el corazón y ya no con las piernas. Hay un momento en el que la mente de los grandes atletas les dice: «¡No puedes más! ¡Te vas a morir! ¡El corazón te va a explotar!». No obstante, ellos aseguran que hay que obviar ese pensamiento y seguir corriendo igual para poder llegar a la meta. Con el último aliento, pasar la última muralla. Eso debes hacer tú: atravesar la muralla final.

Y esa muralla puede ser cualquier problema, como por ejemplo, una crisis financiera. Estás harto de pagar los montos mínimos de la tarjeta de crédito y nunca poder liberarte de la deuda. Los intereses afectan tu economía, estás perdiendo tu hogar. Tus hijos te dieron la espalda. El amor de la pareja se enfrió. Y te preguntas: «¿Cómo hago para continuar? Necesito una palabra para terminar bien».

Los israelitas se encontraban exiliados, prisioneros, dispersos. Habían perdido la casa, la dignidad, la moral. Su estado anímico estaba quebrado. Padecían de angustia, tristeza, esterilidad. No obstante, de pronto se aparece el Señor con una orden directa al mundo de las emociones. Él les dice: «¡Grita de alegría! [...] ¡Prorrumpe en canciones y grita con júbilo!». Aunque Dios no es emocional, creó las emociones. Y él te asegura que si tú no cambias las emociones, no podrás ensanchar el sitio de tu carpa. ¡Así que primero cambia las emociones! ¡Levanta una canción a voz en cuello! ¡Que todos sepan de tu regocijo! Esta es una orden directa para el mundo de las emociones, a fin de reconstruir el estado anímico del ser humano.

La mayoría cree que no se puede tratar con las emociones. Sin embargo, Dios le dio una orden al mundo de las emociones, por lo tanto, es posible manejarlas. Dios tiene el control. Él dijo, primero alégrate, celebra, y después te voy a bendecir. No obstante, por lo general pensamos: *no, primero dame algo y como resultado me pondré alegre*. Actuamos igual que los niños, que primero reciben el juguete y después festejan, pero Dios quiere que celebremos antes de abrir el regalo, ya que el mundo sobrenatural se mueve por fe, que no es más que la certeza de lo que se espera, la convicción de lo que no se ve. Primero celebras en el espíritu, con fe, y después se materializa la bendición. Así funciona. Nunca es al revés. Nunca pedimos señales para tener fe. Las señales siguen a la fe.

Si no eres capaz de ensanchar tu mente, jamás ensancharás tu vida

La construcción de cualquier proyecto en la vida de un ser humano nace en la mente. Si no eres capaz de ensanchar tu mente, entonces nunca serás capaz de ensanchar tu vida. La mente es lo que más atenta contra la fe, y siempre tiene sus conflictos. Sin embargo, Dios dice: «Tienes que perder el control. Ensancha el sito de tu mente».

Necesitamos ensanchar la mente en todos los ámbitos. Y uno de ellos es en el de los negocios. Muchos quieren que Dios les dé un gran negocio, no obstante, ¿estás capacitado? ¿Tu mente ha crecido? Dios no le manda hijos a la estéril hasta que primero se regocije, sea agradecida y dé por sentado que se va a embarazar.

Dios quiere bendecirte. ¿Estás preparándote? ¿Sientes carga por la política? ¿Estás estudiando ciencias políticas o económicas? Dios te dice: «Conforme abras y extiendas tu mente, yo puedo ensanchar tu vida». ¿Sueñas con ser parte de Hollywood? ¿Te encuentras estudiando? Porque allí llegan los que estudian, los que se preparan y actúan. Vas a necesitar mucho talento y el favor de Dios. El favor de Dios ya lo tienes, el talento se adquiere y se aprende, se estudia a fin de poseerlo.

¿Sientes el llamado de Dios para servir a las naciones? Ve a estudiar, porque ya hay muchos ignorantes predicando la Palabra. Necesitamos gente que tenga cultura, que sepa hablar correctamente. ¿Qué mejor que escuchar a un predicador que además sea médico o abogado? Alguien que sepa hablar y expresarse. Si no ensanchas tu mente, no podrás ensanchar tus estacas. Para ver más allá tienes que romper el odre viejo.

¿Cómo hago para pasar esa última muralla?

Esa última muralla también puede tratarse de una enfermedad que no se va. Un diagnóstico maquiavélico que dice: «¡Nunca te vas a sanar!». O tal vez de un ascenso que jamás llega. Entonces te dices: «Tengo todo para ser feliz. Solo necesito franquear esa última muralla, ese baluarte, esa ciudadela, esas piedras gruesas que no puedo atravesar».

Esto me hace pensar en Josué cuando miraba las murallas de Jericó y en su mente se preguntaría: «¿Cómo vamos a hacer?», ya que «las puertas de Jericó estaban bien aseguradas por temor a los israelitas; nadie podía salir o entrar» (Josué 6.1). Además, no solo había murallas en ese lugar, sino también muchos guerreros y un rey. Cuando se conquistaba una nación, era necesario ir por la cabeza del rey, porque si sobrevivía, en el futuro podía haber represalias. El rey podía rearmarse y cobrar venganza. La victoria no se consideraba total hasta que la cabeza del rey estuviera en la punta de una lanza. No obstante, el mismo Dios le dijo a Josué: «¡He entregado en tus manos a Jericó, y a su rey con sus guerreros!» (v. 2).

Algunos se preguntan: «¿Y si logro pasar la última muralla y después se vuelve a levantar otra? ¿Y si el cáncer vuelve?». Si Dios cierra una etapa, la cierra para siempre.

Cuando Dios le dijo a Noé: «Nunca más anegaré la tierra con agua», tal cosa significó que jamás la tierra sería destruida por agua. Eso no va a cambiar. Aunque se escuchen de algunos tsunamis, nunca más la tierra completa será anegada, porque hay una promesa y un arcoíris como señal. «En aquel tiempo, Josué hizo este juramento: "¡Maldito sea en la presencia del Señor el que se atreva a reconstruir esta ciudad! Que eche los cimientos a costa de la vida de su hijo mayor. Que ponga las puertas a costa de la vida de su hijo menor"» (Josué 6.26).

Permanece en silencio

Entonces Dios le dio a Josué una orden alocada: «Tú y tus soldados marcharán una vez alrededor de la ciudad; así lo harán durante seis días. Siete sacerdotes llevarán trompetas hechas de cuernos de carneros, y marcharán frente al arca. El séptimo día ustedes marcharán siete veces alrededor de la ciudad, mientras los sacerdotes tocan las trompetas. Cuando todos escuchen el toque de guerra, el pueblo deberá gritar a voz en cuello. Entonces los muros de la ciudad se derrumbarán, y cada uno entrará sin impedimento» (Josué 6.3–5).

El pueblo debía marchar en silencio. ¿Sabes por qué razón? Porque si los hubiese dejado hablar, los muros nunca se hubieran caído. Imagina lo que murmurarían: «¿Cuántas vueltas nos mandó a dar? ¿Se van a caer los muros solo porque caminemos? ¿Esta es la mejor estrategia de guerra que se le ocurrió? ¡Te dije que este tipo está más loco que Moisés!». Siente más, razona menos. Solo cree. No hables. No opines. Hay que renunciar a todo lenguaje negativo y de fracaso.

Tu lengua tiene poder. Las palabras son semillas que a su tiempo germinan.

Hay varios textos que se refieren al poder de la palabra sobre nuestra vida y nuestro futuro: «El que refrena su boca y su lengua se libra de muchas angustias» (Proverbios 21.23). «Verbalmente te has comprometido, enredándote con tus propias palabras» (Proverbios 6.2). «No permitas que tu boca te haga pecar, ni digas luego ante el mensajero de Dios que lo hiciste sin querer. ¿Por qué ha de enojarse Dios por lo que dices, y destruir el fruto de tu trabajo?» (Eclesiastés 5.6).

Es por eso que cuando Dios te dice: «Ensancha el sitio de tu carpa», no debes hablar, porque hay palabras que te enlazan. Declaraste y te ataste. Tus palabras te maldijeron. Tus palabras tienen poder.

El enemigo te teme

«El séptimo día, a la salida del sol, se levantaron y marcharon alrededor de la ciudad tal como lo habían hecho los días anteriores, sólo que en ese día repitieron la marcha siete veces. A la séptima vuelta, los sacerdotes tocaron las trompetas, y Josué le ordenó al ejército: "¡Empiecen a gritar! ¡El Señor les ha entregado la ciudad!"». (Josué 6.15–16)

Tiempo antes, cuando Josué estaba intentando explorar esa tierra, los dos espías entraron del otro lado de la muralla de Jericó a la casa de la prostituta, quien les dijo cómo se sentían los habitantes de Jericó. Ellos estaban atemorizados porque sabían que el Señor les había dado a los israelitas esa tierra. Tenían conocimiento de cómo el Señor había secado las aguas del Mar Rojo para que ellos pasaran después de haber salido de Egipto. También habían oído acerca de cómo destruyeron por completo a los reyes amorreos, Sijón y Og. Todo esto los amedrentaba y llenaba de miedo (Josué 2.9–11).

Detrás de la última muralla que debes cruzar, el enemigo te teme, pues te conoce y conoce a tu Dios. Sabe bien de dónde te ha sacado y que seguro te ayudará a cruzar esta última muralla de tu vida, la que por años has orado a fin de franquear y nunca pudiste vencer. El enemigo te teme, porque teme al que guarda tu alma.

Finalmente ocurrió: «En la séptima vuelta, mientras los sacerdotes daban el toque prolongado con los cuernos, Josué les ordenó a los israelitas: «¡Griten, porque el Señor les ha entregado la ciudad! [...] Cuando el pueblo oyó el sonido de los cuernos de carnero, gritó con todas sus fuerzas. De repente, los muros de Jericó se derrumbaron, y los israelitas fueron directo al ataque de la ciudad y la tomaron» (Josué 6.16, 20, NTV).

Es por eso que en cuanto grites, el diablo se asustará y los muros serán derribados. Me gusta la versión de este texto que dice: «Se les ordenó a los levitas a soplar al unísono una gran fanfarria de batalla y gritar a voz de cuello para deshacer el corazón del enemigo» (sicológicamente ya estaba vencido).

En el momento en que hagas esto, los demonios detrás de tu última muralla dirán: «Sabemos que Dios te ha traído hasta aquí porque quiere bendecirte, y por eso estamos aterrorizados. Estamos muertos de miedo. Tenemos noticias de cómo el Señor te dio gracia y favor. ¡Apenas cruces la muralla no podremos detenerte ni nadie podrá levantar nuevas murallas, porque Dios las va a derribar!».

¡La última muralla entonces caerá! ¡Ya se cae! ¿Puedes sentirlo? ¡La tierra está temblando!

ACERCA DEL AUTOR

Decenas de miles de personas son inspiradas por medio de sus programas de televisión y radio, sus conferencias y mensajes a través de sus giras internacionales en recintos donde se agotan las localidades, y sus libros que suelen ser un éxito de ventas.

Actualmente está al frente de River Church (Favorday), que es la iglesia hispana en Estados Unidos que continúa creciendo de una manera asombrosa en poco tiempo.

Gebel alcanza a un público inmenso a través de sus programas, los cuales se emiten en varias cadenas televisivas de Latinoamérica. Su programa semanal llamado «Dante Gebel Live» muestra sus presentaciones en vivo en diferentes partes del mundo. Además conduce «Dante Night Show», un programa nocturno de entrevistas que se emite en una de las cadenas hispanas de Estados Unidos.

Ha escrito varios libros con Vida-Zondervan: *El código del campeón*, *Pasión de multitudes*, *Las arenas del alma*, *Monólogos de Dante Gebel*, *Biblia Héroes*, *Destinado al éxito*, *Asuntos internos*, *Los mejores mensajes de Dante Gebel*, además de haber actuado en varios filmes de la compañía.

Ha realizado varias cruzadas multitudinarias en diferentes estadios de América a las que llama «Superclásicos de la Juventud». Dante es reconocido en el mundo hispano como uno de los oradores más extraordinarios enfocados en la juventud y la familia, capaz de conducir al público por medio de las más fascinantes historias, que provocan desde risas hasta lágrimas. Actualmente, Dante reside en

Orange, California, y está casado con Liliana, con quien tiene cuatro hijos: Brian, Kevin, Jason y Megan.

Puedes comunicarte con el autor a través de su sitio oficial: www.dantegebel.com

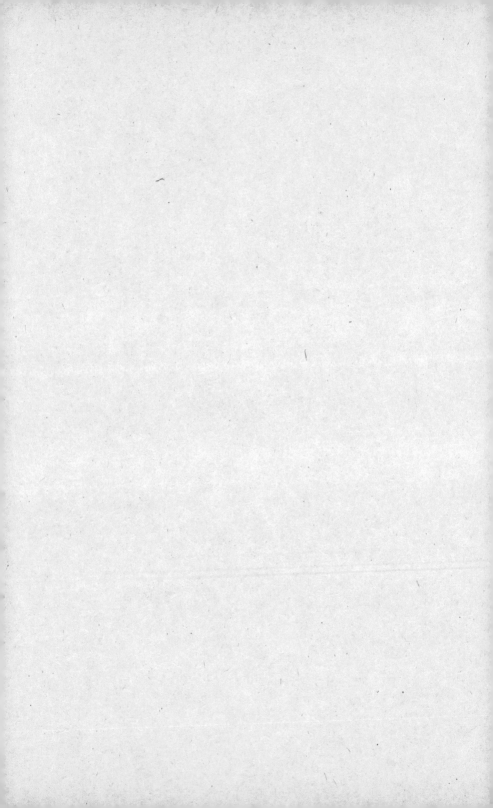